DINHEIRO 2.0

O desenvolvimento da tecnologia já mudou e muito a forma como nos relacionamos com o dinheiro. Até 1983, era preciso ir até uma agência e conversar com um atendente para realizar alguma operação bancária. Naquele ano, a inauguração do primeiro caixa eletrônico do Brasil começou a transformar essa relação. Hoje, é possível fazer praticamente qualquer transação do lugar onde você estiver – basta ter um smartphone ou computador conectado à internet.

A chegada dos cartões e a possibilidade de comprar sem nem mesmo precisar ver as cédulas representaram mais um passo rumo à digitalização da experiência financeira. Mas você já pensou em ter uma carteira completamente digital, preenchida com moedas virtuais que não têm uma correspondente física e que são "fabricadas" por códigos de 0 e 1? Pode parecer futurista, mas é essa a experiência que o bitcoin proporciona.

Essa criptomoeda surgiu de uma ideia audaciosa: criar um dinheiro sem regulamentação dos Estados e que seria fabricado pelos próprios usuários interessados em fazê-lo crescer. A proposta entusiasmou ativistas políticos e hackers de tendência libertária, porém, hoje, muito se discute sobre a viabilidade e segurança do projeto.

Neste guia, você vai conhecer em detalhes como funcionam os bitcoins e quais os princípios por trás da primeira criptomoeda a levantar debates sobre o futuro do dinheiro. Saiba também quais são as possibilidades apontadas pelos entusiastas e como operam as empresas que já aceitam o bitcoin como forma de pagamento. Entenda o que é preciso para se tornar um "minerador" ou usuário da moeda e seja bem-vindo ao universo do dinheiro virtual!

Os editores

redacao@editoraonline.com.br.

SUMÁRIO

CIP-BRASIL. CATALOGAÇÃO NA PUBLICAÇÃO
SINDICATO NACIONAL DOS EDITORES DE LIVROS, RJ
G971

Guia mundo em foco especial atualidades : bitcoin. -- [2. ed.]. -- São Paulo : On Line, 2017.
112 p. : il. ; 28 cm.

ISBN: 978-85-432-1886-1

1. Moeda. 2. Transferência eletrônica de fundos.
17-39565 CDD: 332.4
CDU: 336.74

06/02/2017 07/02/2017

Shutterstock

HISTÓRIA

1

O COMEÇO DE TUDO

Bitcoins surgiram com a promessa de revolucionar a forma como as pessoas lidam com o dinheiro, mas ainda gera suspeitas nos mais céticos

O bitcoin (BTC) é uma moeda criptografada, descentralizada e sem regulação de governos, que teve origem em meados dos anos 2000, a partir de uma discussão virtual entre programadores de diversas partes do mundo, que se utilizavam de uma lista de e-mails como meio de comunicação e debates.

O conceito por trás do bitcoin é que ele seja uma moeda virtual, cujas operações são protegidas com criptografia, e que as transações ocorram diretamente entre usuários, eliminando o controle dos governos e as instituições bancárias, que cobram taxas para cada operação de pagamento e recebimento em moedas convencionais.

A ideia, contudo, desenvolveu-se com mais naturalidade no final daquela década, e em meio à crise econômica mundial, quando o programador Satoshi Nakamoto publicou um artigo com as ideias centrais do projeto. No ano seguinte, ele desenvolveu o código principal do sistema, que promete revolucionar a forma como as pessoas se relacionam com o dinheiro.

O primeiro bloco de 50 moedas de bitcoin, ou "genesis block", como são chamados na comunidade hacker, foram garimpadas em janeiro de 2009 pelo próprio Nakamoto. A partir de então, programadores e entusiastas da novidade passaram a garimpar e a fazerem as primeiras transações utilizando a moeda, chamando a atenção de novos adeptos.

Esse sistema econômico funciona pela internet, usa criptografia de chave pública e um arquivo que registra todas as transações feitas para criar códigos, as chamadas moedas digitais. Além disso, o conceito criado por Nakamoto tinha ainda a característica de se autorregular com base em um sistema de mineração informatizado, sendo, por isso, considerado uma solução para o futuro do dinheiro digital e alternativo às moedas convencionais.

Tais características dão ao "novo dinheiro" da internet um caráter descentralizado, que permite transacionar com bitcoins em diversas partes do mundo com baixas taxas e livre da regulação dos Estados ou do controle dos bancos. Desse modo, o bitcoin gera mais privacidade a seus usuários, uma vez que não há a necessidade de vincular informações pessoais à transação.

Essas propriedades deram publicidade aos bitcoins, e, para alguns entusiastas do assunto, isso seria complementado por uma série de vantagens teóricas da moeda em relação ao sistema bancário tradicional, como: transferências de pessoa a pessoa sem o intermédio de bancos ou

Shutterstock

regulação central, taxas menores, abertura fácil de contas e poucos pré-requisitos para começar. Esses atributos, na visão de quem utiliza o bitcoin, são os responsáveis pelo aumento do número de usuários da moeda nos últimos sete anos.

Segundo a empresa especializada em operações com bitcoin, BitPay, mais de 100 mil estabelecimentos comerciais no mundo aceitam bitcoins como forma de pagamento. No Brasil, aproximadamente cem empresas trabalham com a moeda.

Fazem parte desses entusiastas do dinheiro virtual algumas startups e até grandes empresas de tecnologia como WordPress, Mega, Reddit, Dell, Google e Microsoft, e um universo de milhões pessoas de diversas nacionalidades interessadas no caráter inovador e revolucionário da criptomoeda, que compram e vendem legalmente bens e produtos pela internet ou em canais físicos, embora a maioria das transações ocorram no meio digital. Além disso, bitcoins também podem ser trocados por prata ou ouro em câmbios especializados. Em Berlim, por exemplo, já é possível pagar com bitcoins em cafés, bares, restaurantes e lojas de discos.

A revolução do bitcoin

O código aberto do bitcoin deu origem a uma comunidade de programadores e usuários da criptomoeda que se apoderou do projeto, melhorou o protocolo e, a partir de então, uma série de serviços passou a movimentar a economia baseada na moeda.

A primeira transação feita com bitcoin aconteceu em janeiro de 2010, exatamente um ano depois da mineração do primeiro lote de moedas. Na ocasião, o dinheiro virtual foi usado para pagar uma pizza que valia US$ 25, o equivalente à época a 10 mil BTCs.

Nos meses seguintes, os principais usuários da moeda passaram a ser alguns membros do movimento hacker e de grupos políticos de tendências anarquistas ou libertárias. Em comum, o interesse deles no conceito de uma moeda descentralizada e baseada em criptografia, o que a tornava relativamente anônima e criava a possibilidade de financiar projetos que não agradam às elites financeira e política, devido ao fato de a moeda não ter qualquer controle estatal ou a regulação de bancos e outros órgãos.

Algumas experiências financiadas pelo dinheiro virtual foram os softwares que permitem a navegação anônima pela internet, como o Tor e a própria deep web, conhecida como o lado obscuro da internet.

Para a comunidade de usuários e programadores do bitcoin, a moeda carrega consigo inúmeras vantagens em relação ao sistema financeiro tradicional e que podem torná-la revolucionária.

A primeira seria o fato de que o bitcoin permite a seus usuários a transferência de valores para o outro lado do planeta instantaneamente e a baixo custo. Um segundo

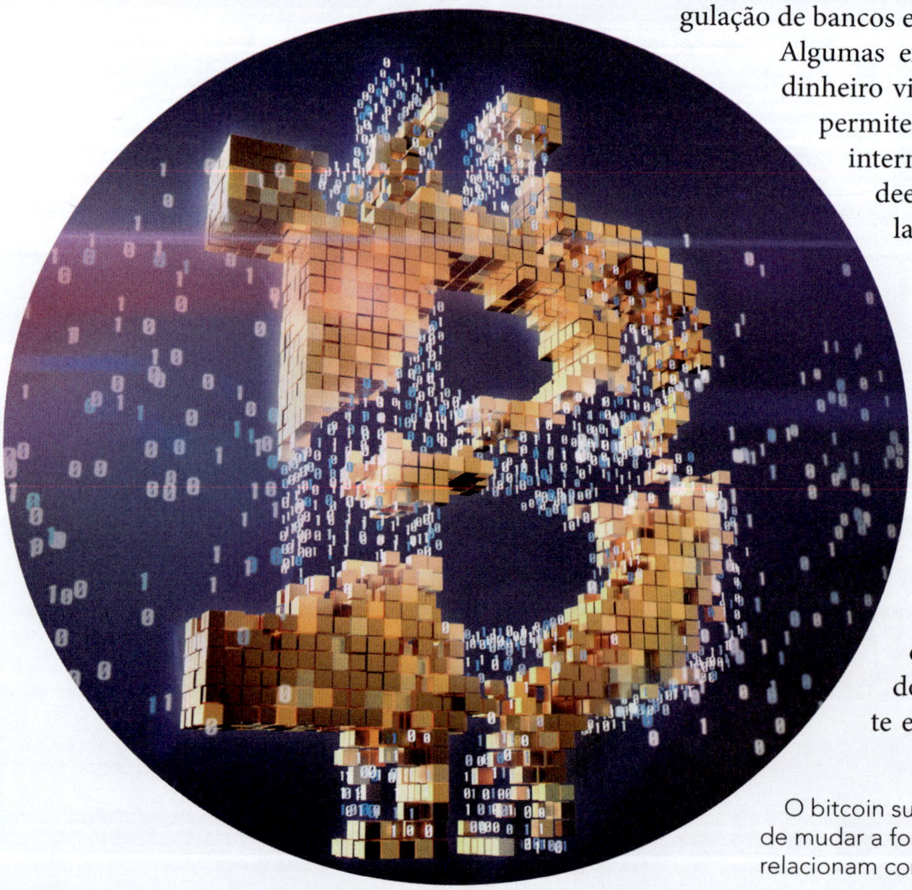

Shutterstock

O bitcoin surgiu como um projeto capaz de mudar a forma como as pessoas se relacionam com o dinheiro

elemento revolucionário é os pagamentos em bitcoin permitirem que o setor de varejo aumente sua margem de lucro fugindo das taxas praticadas por operadoras de cartões de crédito e bancos nas transações financeiras. Além disso, a moeda hacker possui um enorme potencial político, uma vez que não é regulada pelos bancos centrais, governos ou alguma autoridade monetária. Isso, na visão dos entusiastas, a colocaria à frente dos bancos.

Futuro do dinheiro ou bolha econômica?

É fato que uso de bitcoin como meio de pagamento tem crescido, desde 2013, no Chipre, muitos investidores começaram a comprar essa divisa como forma de proteger seu capital de eventuais problemas na economia tradicional. À época, os cidadãos cipriotas conviviam com o temor de um confisco, pelo Estado, de suas economias, e enxergaram no bitcoin uma alternativa para que isso não ocorresse.

Entretanto, pelo fato de a própria rede emitir, comprar, vender e ser responsável por certificar a autenticidade das transações, algumas pessoas ainda olham com ceticismo para

A IDENTIDADE DO CRIADOR DO BITCOIN

A criação do código principal do bitcoin rendeu fama a Satoshi Nakamoto. Ainda assim, pouco se sabe sobre a verdadeira identidade do programador, e acredita-se que ele possa ser não apenas uma pessoa, mas um grupo.

Nakamoto surgiu repentinamente em discussões on-line, em listas de e-mail para divulgar sua pesquisa, e em todas as suas comunicações públicas o programador usou serviços que dificultam o monitoramento de sua conta de e-mail como forma de manter-se anônimo. O pouco que se conhece sobre ele é que suas mensagens escritas a partir de 2008 foram em inglês (sem falhas), alterando o uso de termos britânicos e norte-americanos. Todas elas convidavam voluntários a ajudar no desenvolvimento de seu projeto, que viria a se tornar a moeda livre de controle pelas elites políticas e financeiras.

Desde então, muito se especulou sobre sua verdadeira identidade. Uma das hipóteses sustentadas sobre isso é que Nakamoto seja um homem japonês de 38 anos. Pelo seu trabalho com o protocolo do bitcoin, alguns deduzem que ele não seja um programador profissional, mas um acadêmico. Outros acreditam que ele possa ser Gavin Andresen, o atual desenvolvedor-chefe de uma organização criada em 2011 para criar padrões para o sistema e divulgá-lo, a bitcoin Foundation. Outra possível identidade do programador é Shinichi Mochizuki, um matemático japonês conhecido por ter resolvido um dos problemas mais complexos da matemática, a conjectura ABC. A hipótese mais crível, no entanto, é que o criador do bitcoin não seja apenas uma pessoa, mas um grupo que busca se proteger atrás de um pseudônimo. De qualquer maneira, o nome do criador poderia ser traduzido como: "Satoshi" significa "pensamento claro" ou "sábio", "naka" é "dentro" e "moto", "fundação". Assim, a tradução poderia ser: "Pensando claro dentro da fundação".

Pouco se sabe sobre a identidade de Satoshi Nakamoto, idealizador do bitcoin

Shutterstock

esse tipo de moeda virtual, e a classificam como a nova bolha econômica.

Uma das críticas ao uso dessas divisas como meio de pagamento está relacionado à especulação sobre seu valor, que gera uma alta volatilidade da cotação da criptomoeda, e, principalmente, pelo fato de não haver nenhuma autoridade responsável pelo controle e garantia dela. Ou seja, exatamente as características que são apontadas pelos defensores do bitcoin como as vantagens da moeda em relação à economia formal seriam a fragilidade dela em termos de garantia para quem resolve investir na novidade.

No segundo trimestre de 2014, por exemplo, o bitcoin perdeu 45% de seu valor, após valer mais de US$ 1.100 um ano antes. Já em outubro de 2016, a moeda estava cotada a US$ 681,98, ou seja, pouco mais da metade do valor da cotação de 2014. Essas variações no valor do bitcoin são semelhantes àquelas que ocorrem com os ativos convencionais, seguindo uma lógica de mercado: quando há maior procura pela divisa virtual, maior é o valor da cotação dela.

Além disso, especialistas apontam um risco adicional para quem aposta no bitcoin, relacionado com o sistema legal, pelo fato de não existir nenhuma lei que restrinja a capacidade do uso de bitcoins ou garanta alguma segurança para quem transaciona por meio dessa moeda.

Uma terceira questão é apontada pelos críticos da moeda: a falta de controle e garantias sobre o lastro dela, e, novamente, de autoridades que garantam seu valor. Desse modo, a falta de interesse dos usuários pelo dinheiro virtual poderia levar a uma forte perda de seu valor, levando parte das pessoas que têm investimentos em bitcoin perderem dinheiro. Entretanto, as questões de lastro e confiança não são exclusividades da criptomoeda. O dinheiro, de modo geral, é um meio de intercâmbio de produtos e serviços que pode ter um valor real ou não, e desde 1971, quando o dólar norte-americano deixou de ser pareado ao ouro, nenhuma divisa tem um valor real. O que acontece com os bitcoins, no entanto, é que não existe praticamente controle sobre essa divisa, e dessa forma a simples falta de interesse de seus usuários em continuar usando-a pode fazer com que perca todo o seu valor.

Shutterstock

Conceito principal é que o dinheiro torne-se totalmente digital e incontrolável por autoridades

Uma breve história do dinheiro

A moeda, como hoje a conhecemos, é o resultado de um longo processo evolutivo das relações humanas. Nos primórdios do comércio entre pessoas não havia moeda, e praticava-se a troca de mercadorias sem equivalência de valor: o chamado escambo.

Nesse sistema, quem conseguisse exceder a quantidade necessária de algum produto, para si e para seu grupo, trocava parte de sua produção por outras mercadorias das quais necessitava.

Desse modo, quem pescasse mais peixe do que precisava poderia trocar, por exemplo, por carnes e objetos, milho ou outro tipo de grão. Essa forma primitiva de comércio foi dominante no início da civilização humana, e é utilizada ainda hoje entre povos de economia primitiva e até em situações especiais, nas quais as pessoas

Shutterstock

Shutterstock

efetuam permuta de objetos sem preocupar-se com a equivalência de valor.

Com o desenvolvimento das civilizações e da economia, algumas mercadorias passaram a ser mais procuradas do que outras. Por isso, produtos que tinham maior utilidade, e, consequentemente, demanda acima da média, assumiram a função de moeda. Esses produtos-moeda circulavam e serviam para avaliar o valor

O gado já foi usado como moeda-mercadoria antes de surgirem as moedas metálicas

Mineirando moedas

O bitcoin ainda não é considerado dinheiro pelas autoridades monetárias de nenhum país. Portanto, seu modo de entrada no mercado é bem parecido com o do ouro (que também pode ser usado como moeda). Por isso, o termo mineração ("mining") é empregado para denominar a ação pela qual os bitcoins são criados.

O conceito da mineração é semelhante ao de uma jazida de ouro quase inesgotável, mas que exige grande esforço para sua exploração, e por isso, o valor da moeda continuaria alto: não por sua escassez, mas pelo custo de sua extração. Desse modo, o que faz com que o bitcoin tenha valor no mercado e possa ser usado como moeda de troca é sua escassez e a dificuldade em obtê-lo.

Essa escassez é controlada por um software instalado em todos computadores da rede bitcoin, e estes controlam a cadência com que os bitcoins são minerados, criando uma dificuldade pelo próprio processo de mineração. Ou seja: obter bitcoin não apenas tem um nível de dificuldade elevado, mas também custa algum dinheiro.

A tarefa imposta aos mineradores é a seguinte: de tempos em tempos, em intervalos controlados pelo software que administra o sistema, é emitido um *hash* (sequência de bits gerada pelo algoritmo de criptografia) contendo um determinado valor criptografado. E os mineradores precisam "quebrar" esse *hash* para, a partir dele encontrar, o valor criptografado. Essa complexidade é determinada pelo número de zeros contidos em seu início, portanto pode ser ajustada. Assim, ao ser lançado um novo *hash*, todos os mineradores põem-se a tentar decifrá-lo em busca do "bitcoin-ouro" contido ali.

Quem primeiro conseguir quebrar o código recebe como recompensa uma quantidade de bitcoins e deve informar a toda a rede. Após o registro dessa transação, os bitcoins minerados já podem ser usados.

Esse processo gera também custos aos mineradores, pois quando você entra no mundo bitcoin é preciso investir no melhor equipamento que conseguir pagar para que tenha chances de minerar por mais tempo que seus concorrentes. A lucratividade de longo prazo também é relevante, levando em conta a volatilidade da cripomoeda que você está mineirando.

das demais mercadorias. Eram as moedas-mercadorias. Exemplos desse uso foram o gado, principalmente o bovino, e o sal. No primeiro caso, a demanda pelo produto se devia às vantagens que ele apresentava em relação a outros produtos, pois além de fornecer carne e leite, tinha a comodidade da locomoção própria, reprodução e prestação de serviços.

Shutterstock

Antiga moeda britânica do século 17 cunhada durante o reinado de James I

No Brasil, muitas mercadorias chegaram a assumir o papel de moeda. Por aqui, circularam o cauri (trazido pelos africanos), o pau-brasil, o açúcar, o cacau, o tabaco e o pano, trocado no Maranhão, no século 17 e sendo comercializado sob a forma de novelos, meadas e tecidos.

Devido à oscilação de seu valor e pelo fato de não serem fracionáveis, e, em alguns casos, facilmente perecíveis, as mercadorias se tornaram inconvenientes às transações comerciais. E, frente às novas demandas, os homens buscaram novas formas de se relacionarem com os valores e as mercadorias.

Uma solução para isso foi o uso do metal como moeda, uma vez que ele apresentava vantagens em relação às mercadorias perecíveis. Entre as comodidades que o metal oferecia, estavam a possibilidade de entesouramento, divisibilidade e raridade, além da facilidade no transporte e beleza.

No princípio, o metal era trocado em seu estado natural, depois sob a forma de barras e ainda sob a forma de objetos, que eram valorizados porque sua produção não estava ao alcance de todos, já que exigia o domínio das técnicas de fundição e o conhecimento dos locais onde o metal poderia ser encontrado.

Alguns exemplos de objetos metálicos que funcionavam como são os anéis e braceletes ou facas e chaves, que eram usadas no Oriente Médio. Na Grécia e em Chipre, havia também a moeda do talento, feita em cobre ou bronze e tinha o formato de pele de animal.

No século 7 a.C. surgem as primeiras moedas com as características das atuais. Na Grécia, são produzidas moedas de prata e, na Lídia, são utilizados pequenos lingotes ovais de uma liga de ouro e prata chamada eletro. Foram algumas das primeiras experiências da produção humana de pequenas peças de metal com peso e valor definidos e com impressão oficial. Ou seja, a marca de quem as emitiu e garante o seu valor.

Essas primeiras peças eram fabricadas por meio de processos manuais rudimentares, e, por isso, tinham suas bordas irregulares.

Antiga moeda grega com estampa de Alexandre, o Grande

Shutterstock

DO ESCAMBO AO BITCOIN

Shutterstock

A troca de objetos e bens entre os homens remete ao início da civilização. Desde então, o formato do dinheiro variou muito, tanto em seu aspecto físico, quanto no valor percebido por quem se utilizava dele. As moedas já se apresentaram em tamanhos minúsculos, como o stater, que circulou em Aradus e Fenícia, atingindo também grandes dimensões como as peças de cobre suecas dáler, que circularam no século 17.

No Brasil, elas começaram a ser produzidas oficialmente em 1810, com os primeiros bilhetes de banco, que seriam os precursores das cédulas atuais. Eles foram lançados pelo Banco do Brasil, e tinham seu valor preenchido à mão, tal como acontece hoje com os cheques.

Veja, a seguir, algumas curiosidades sobre o desenvolvimento dos meios de pagamento.

Escambo: praticado por civilizações primitivas, consistia na simples troca de mercadorias por outras, sem que houvesse medição de valor entre elas. No século 7 a.C. já se fazia esse tipo de transação, e ainda hoje, entre os índios e outros grupos, esse sistema é usado. No Brasil colonial, as trocas entre os índios do litoral brasileiro e os europeus, no início do século 16, eram na forma de escambo. Os índios ofereciam o pau-brasil aos portugueses, franceses e espanhóis em troca de mercadorias como facas, machados e quinquilharias (espelhos, colares, pentes e miçangas).

Shutterstock

Mercadoria-moeda: seja por sua utilidade ou beleza, ao longo do tempo, muitos objetos assumiram o papel de moeda, e algumas vezes servindo como medida de valor percebido em relação a outros itens. Foi o caso, por exemplo, do sal, pimenta preta, ouro, prata, álcool, cigarros, sementes de coco, búzios e cevada. No Brasil, durante a colonização e o império, alguns objetos, como as conchas, chegaram a assumir essa função.

Primeiras moedas: há relatos de que foi Creso, rei da Lídia (atual Turquia), quem inventou as primeiras moedas, entre 640 e 630 a.C. Mas o conceito atual de um objeto metálico oficial, com um valor padronizado pelo Estado, coube aos gregos do mesmo período. Essa invenção foi considerada revolucionária para o comércio da época, uma vez que o surgimento dela facilitou o acesso das camadas mais pobres às riquezas e o acúmulo de dinheiro, além da coleta de impostos.

Shutterstock

Moeda de papel: o precursor do papel-moeda foi o recibo de ouro em pó, que circulava como moeda-corrente na Idade Média. Mas no ano 960, os chineses já utilizavam cédulas de dinheiro de modo parecido com o que conhecemos hoje. Porém, elas caíram em desuso no fim do século 14 e só reapareceram na Suécia, em 1661. O mais interessante é que o país que criou o dinheiro de papel promete acabar com ele até 2030. Hoje, 95% das transações financeiras por lá são feitas com cartões, e o governo local espera que em pouco mais de uma década 100% das negociações ocorram de forma digital.

Cheques: a história do cheque é controversa. Mas, há três hipóteses mais prováveis. A primeira é que o cheque teria sido inventado pelos romanos, aproximadamente em 352 a.C.; ou que, entre 1118 e 1307, a Ordem dos Templários tenha criado um sistema de cheques peregrinos. Uma terceira possibilidade é que ele tenha sido inventado na Idade Média, quando os senhores feudais depositavam seu ouro nas oficinas dos ourives (único lugar considerado seguro naquela época).

Shutterstock

Cartões: os primeiros cartões de crédito surgiram na década de 1920, nos Estados Unidos, e eram dados inicialmente apenas a clientes fiéis e determinados estabelecimentos que tivessem condições de pagar a conta em dia. Na década de 1950, foi criado o Diners Club International, um cartão feito de papel-cartão e que continha o nome do proprietário. À época de seu lançamento, o meio de pagamento era restrito a 200 pessoas consideradas importantes e aceito em apenas 27 restaurantes. Em 1955, esses cartões passaram a ser fabricados em plástico.

Transações pela internet: o primeiro sistema que permitia o processamento de transações on-line entre consumidores e empresas, B2C, ou entre empresas, B2B, foi criado por Michael Aldrich, em 1979. Contudo, o sistema levou quase dez anos para ganhar espaço, o que só aconteceu com a expansão da internet comercial na década de 1990. No Brasil, as instituições financeiras usam recursos da internet para beneficiar seus negócios desde 1995.

Arqueologia do dinheiro

As moedas refletem a mentalidade de um povo e de sua época, e por meio delas podemos observar aspectos políticos, econômicos, tecnológicos e culturais de sociedades ancestrais. Por exemplo, é pelas impressões encontradas nas moedas que conhecemos, hoje, a imagem de personalidades que viveram há séculos. É o caso da figura de Alexandre, o Grande, da Macedônia. Ele viveu por volta do ano 330 a.C. e foi provavelmente a primeira figura histórica a ter seu rosto registrado em uma moeda.

Mas o surgimento do comércio e sua evolução também produziram diversas mudanças na forma de o homem se relacionar entre si, e também na cultura e na língua. O gado e o sal, por exemplo, deixaram marcas em nosso vocabulário, pois até hoje utilizamos palavras como pecúnia (dinheiro) e pecúlio (dinheiro acumulado), que são derivadas da palavra latina pecus (gado). O termo capital (patrimônio) vem do latim capita (cabeça). Já a palavra salário (remuneração, normalmente em dinheiro, devida pelo empregador pelo serviço do empregado) tem como origem a utilização do sal, em Roma, para o pagamento de serviços prestados.

Shutterstock

Bitcoin: no final da década de 2000 e em meio à crise econômica mundial, um grupo de programadores independentes criou um sistema financeiro alternativo e criptografado e de código aberto, que, na visão deles, teria potencial para revolucionar a economia e a política global. A moeda criada por eles ainda é embrionária, mas tem chamado a atenção de governos e autoridades monetárias ao redor do mundo.

Shutterstock

Como fazer parte da comunidade bitcoin?

Há basicamente três formas de adquirir bitcoins: comprando com dinheiro "real" em espécies de "casas de câmbio" (ou caixas eletrônicos específicos), por meio de operações de compra e venda, ou minerando moedas. Ou seja, "emprestar" a capacidade de processamento do computador para manter a infraestrutura da moeda virtual funcionando. Nesse caso, como recompensa, o minerador ganha uma pequena fração de bitcoins, e, quanto mais potente a máquina, maior será essa gratificação.

O BÁSICO SOBRE BITCOIN

O QUE É?

Bitcoin é uma moeda digital baseada em criptografia e que pode ser transacionada pela internet.

QUAL A DIFERENÇA PARA AS MOEDAS TRADICIONAIS?

Não é regulada por governos e sua negociação não é intermediada por instituições financeiras.

GLOBAL

bitcoin pode servir como meio de pagamento quase universal, uma vez que a mesma moeda é aceita em diferentes países do mundo.

QUEM ACEITA?

Hoje, startups e empresas de tecnologia já aceitam a criptomoeda como meio de pagamento por produtos e serviços. Algumas grandes companhias como a Dell, Google e Microsoft também aderiram ao bitcoin.

COMO SÃO GERADAS?

Pessoas que fazem parte da comunidade bitcoin usam softwares de "mineração" digital, e, por meio de cálculos, ajudam a certificar as transações da rede. Além disso, cedem capacidade de seus computadores para suportar o sistema e manter a moeda funcionando. Em troca desse serviço, podem ganhar valores em bitcoin gerado pelo sistema.

COMO FAZER USO?

Dez minutos após minerar um bloco de bitcoin, o usuário já pode pagar suas compras pela internet usando a moeda. De um lado há a autenticação do comprador e do outro a do vendedor, e logo a operação (transferência dos créditos) está finalizada.

E AS DESVANTAGENS?

Quem investe na moeda virtual pode sofrer com a especulação em cima da moeda, além de ter poucas empresas dispostas a receber em bitcoin.

QUAIS AS VANTAGENS?

Por ser descentralizada, favorece transações internacionais e protege o capital de ações estatais, como, por exemplo, confisco de ativos.

CURIOSIDADES

• Economia bitcoin em 2010: US$ 1 milhão em novembro de 2010...

...e em 2013 a marca ultrapassada foi de US$ 1 bilhão

Dois meses antes da alta recorde da moeda, em fevereiro de 2013, cada bitcoin valia apenas US$ 20.

• A primeira transação com a moeda custou 10 mil bitcoins, preço pago em 2010 por uma pizza.

• 10 minutos é o tempo médio para um novo bloco garimpado ser liberado para o uso.

• 21 milhões é o número máximo de bitcoins que poderão ser criadas.

Linha do tempo:

A BREVE HISTÓRIA DO BITCOIN

2008 | Satoshi Nakamoto divulga um artigo no qual detalha o conceito do bitcoin.

2009 | Primeiro lote de 50 bitcoins, ou "genesis block", foi liberado.

2010 | Primeira transação é realizada nos EUA.

2011 a 2012 | Moeda virtual é usada para financiar o site Wikileaks e outros projetos de caráter político.

2013 | Moeda ganha notoriedade ao ser usada como proteção de divisas no Chipre, devido à crise econômica.

2014 a 2016 | Governos como o dos EUA começam a debater as implicações da moeda e uma possível regulação.

Shutterstock

QUEM JÁ UTILIZA OS BITCOINS?

Um estudo procurou mostrar características que levariam as pessoas a adotar a criptomoeda

Seja por simples curiosidade ou interesse em utilizar meios alternativos para trocar valores, produtos e serviços, o fato é que o bitcoin ganhou projeção tanto no ambiente virtual, quanto no mundo real. Em oito anos, a moeda conquistou espaço cativo em noticiários de economia ou informática, e já foi tema de debates em programas de televisão de diversos países.

Com tantos holofotes voltados à criptomoeda, não é de se espantar com o resultado: cada vez mais pessoas aderindo ou buscando informações sobre o novo sistema econômico da internet. Nesse período, a moeda alcançou mais de dois milhões de usuários em todo o mundo (50 mil só no Brasil). E não é só isso. O valor estimado em bitcoins no mercado também chama a atenção: quase US$ 10 bilhões em valores totais acumulados por uma moeda que começou sem valor algum.

Outro ponto a ser observado e que chama a atenção de quem tem o primeiro contato com o conceito é o fato de que o termo "buy bitcoin", que em português significa "comprar bitcoin", foi um dos mais procurados em buscadores da Web, como o Google, em 2016.

E basta uma ligeira pesquisa na ferramenta Google Analytics para constatar o que entusiastas do dinheiro digital pregam por aí: a popularidade do bitcoin está em seu melhor momento, o que pode favorecer a adesão de um número ainda maior de usuários nos próximos anos. Seu conceito libertário também parece ter sido bem assimilado por quem procura informações sobre a moeda na internet. No ano passado, na esteira da eleição norte-americana – e provavelmente devido ao temor de mudanças na economia dos Estados Unidos após a vitória de Donald Trump, a busca por esse assunto na internet alcançou a escala 91 da ferramenta Analytics, muito próxima do ponto mais alto na medição, que é 100.

E as buscas por informações sobre o funcionamento do sistema econômico alternativo que permeia o dinheiro 2.0 não se limita aos sites de notícias e blogs mostrados pelo buscador. Mesmo em redes sociais como Facebook, por exemplo, é possível encontrar algum amigo querendo saber mais sobre o funcionamento da moeda.

Uma das comunidades que fala sobre o assunto na rede social já tem mais de 27 mil seguidores cadastrados, que buscam o apoio de pessoas já iniciadas no bitcoin para conhecer melhor o funcionamento do sistema econômico alternativo, tirar dúvidas e, quem sabe, ser o mais novo membro do "clube" dos usuários de cripto-

Shutterstock

PRODUCT B
+ 1.03 %
11 %
3/4
ANALYSIS
UPDATE
+ 40.25 $
- 05.75 $

Shutterstock

moedas. Também em listas de discussão virtual, como aquela na qual Satoshi Nakamoto divulgou os primeiros insigths do que viria a ser a moeda, os tópicos que abordam bitcoin, dicas de como entrar e investir na criptomoeda e até possibilidade de negócios com o dinheiro virtual são sempre muito bem povoados.

E, nesses ambientes, a dúvida mais frequente que aparece principalmente entre os neófitos do dinheiro 2.0 ou de quem está em seu primeiro contato com esse novo conceito de economia descentralizada e baseada em criptografia é: quem são as pessoas que usam essa moeda?

Foi essa pergunta que motivou os pesquisadores Dr. Aaron Yelowitz e Matthew Wilson, da Universidade do Kentucky, nos Estados Unidos, a iniciarem um complexo estudo sobre as pessoas interessadas na moeda. Entretanto, diante das dificuldades em obter informações de quem transaciona com uma moeda que permite o anonimato, eles utilizaram como método o cruzamento de dados do Google Trends (instrumento que reúne pesquisas realizadas no mais popular buscador da Web, o Google). Dessa maneira, os cientistas pegaram informações dos termos mais buscados pelas pessoas que também procuravam saber sobre bitcoin e começaram a traçar as características dessas pessoas a partir desse conjunto de informações.

Os objetivos principais da empreitada eram descobrir quais motivos levam as pessoas daquele país a recorrem à moeda, e qual, de fato seria o perfil de quem investe ou transaciona com bitcoin.

A pesquisa em questão durou 31 meses (entre janeiro de 2011 até julho de 2013), e nela foram analisados diversos termos de busca relacionados ao bitcoin. Nesse período, eles combinaram palavras que poderiam levar a buscas pela moeda abrangendo todos os estados dos Estados Unidos, como "bitcoins", "bitcoin Mining", "bitcoin Exchange", "bit coin" e "bitcoin price", com termos da ciência da computação.

Em outro momento da análise os pesquisadores também compararam os primeiros resultados com termos como "Silk Road", "Free Market" e "Make Money". A justificativa para a abordagem, segundo os autores do estudo, é que algumas dessas palavras remetem a sites de comércio de produtos ilegais pela internet e outros termos a ganhar dinheiro. O Silk Road, por exemplo, era um site especializado na venda de metanfetamina e heroína na deep web (internet profunda).

Com base nessa metodologia, Yelowitz e Wilson identificaram quatro possíveis perfis de pessoas que utilizam criptomoedas, que podem ser classificadas da seguinte maneira: programadores entusiastas, investidores especulativos, libertários e criminosos. Mas os próprios autores do estudo descartam qualquer conclusão definitiva sobre o perfil de usuários de bitcoin. O que eles podem afirmar, até agora, é que sua pesquisa pode ser usada para mapear perfis de pessoas com maior probabilidade de usar o bitcoin ou qualquer moeda semelhante a ele.

{ Diante das dificuldades em obter informações de quem transaciona com uma moeda que permite o anonimato, pesquisadores utilizaram como método o cruzamento de dados do Google Trends. }

Ao menos quatro perfis são mais propensos a usar bitcoin: programadores, investidores especulativos, pessoas com ideologia anti-Estado e criminosos

Ao final de todo esse processo, a resposta encontrada por eles foi que a maioria dos usuários desse tipo de meio de pagamento é de pessoas aficionadas por tecnologia e programação, basicamente geeks e hipsters, entre outros grupos de nativos digitais (pessoas que nasceram na chamada era da internet) que conseguem imaginar suas vidas financeiras longe da presença das instituições tradicionais, como bancos e outras autoridades formais.

Para eles, o bitcoin pode ser encarado tanto como um investimento, uma vez que "mineradores" podem ganhar pequenas quantidades da moeda em troca de disponibilizar parte da capacidade de processamento de seus computadores para autenticar, em tempo real, as transações usando um software especial, quanto como meio de pagamento normal para suas compras em lojas físicas e virtuais. Nesse caso, os usuários desse tipo de dinheiro fazem pouca ou nenhuma distinção entre bitcoin e qualquer divisa reconhecida e regulada por governos.

Mas outro perfil também foi detectado pela pesquisa. Esse, porém, mais preocupante: criminosos, na maioria das vezes interessados no anonimato proporcionado pela moeda e também na falta de controle dos governos sobre as movimentações financeiras, características que podem servir como proteção em caso de investigações policiais.

Desses quatro perfis apontados pelos pesquisadores, dois foram considerados mais propensos a utilizar a moeda: programadores e criminosos. O estudo também tentou explicar por que esses grupos têm mais interesse em adotar criptomoedas como meio de pagamento. Apesar de a tarefa não ser nada fácil, a resposta encontrada para justificar o interesse desses públicos pelo bitcoin foi a seguinte: a crença no potencial transformador da tecnologia que dá origem às criptomoedas, no caso do primeiro grupo.

No segundo, a explicação foi a comodidade de transacionar com bitcoin sem colocar seus negócios ilegais em risco. O apelo da moeda nesse grupo não é nada desprezível, e para se ter uma ideia da influência das criptomoedas sobre esse tipo de negócio, e vice-versa, basta olhar o que aconteceu no dia 2 de outubro de 2013, quando o FBI (polícia federal dos EUA) derrubou o Silk Road: houve uma redução de 22% no preço da moeda.

Isso acontece porque, na maioria das vezes, há ausência de regras para se ter uma carteira virtual para a moeda. Em alguns aplicativos desse tipo é preciso ter apenas uma conta de e-mail (que pode estar inscrita com nome falso) para fazer o registro, e em outros casos não é necessário nenhum tipo de identificação. Além disso, é possível utilizar softwares "anonimizantes", que ajudam a proteger a identidade do dono dos valores depositados na carteira.

De qualquer modo, uma conclusão mínima pode ser tirada do estudo. A de que comunidade bitcoin não é homogênea, mas, mesmo assim, agrupa-se sob alguns conceitos fundamentais: lucro, aspirações políticas, anonimato e descentralização.

E todos esses conceitos estão no alicerce do projeto básico do mercado de criptomoedas. Para se ter uma ideia, em 6 de janeiro desse ano, o bitcoin atingiu seu valor mais alto em três anos, com cada unidade valendo mais de US$ 1.100, de acordo com o bitcoin Price Index (BPI), índice que registra as principais oscilações da moeda. Segundo o BPI, o bitcoin foi a divisa que mais se valorizou em todo o mundo no ano de 2016, o que confirma a boa fase da moeda. O recorde anterior foi registrado em 2013, quando a moeda chegou a custar US$ 1.165,89. Mas, após isso, a divisa perdeu três quartos do seu valor antes de retomar uma escalada no preço. E os problemas que deflacionaram o bitcoin continuaram há até bem pouco tempo. No ano passado, por exemplo, notícias de que um grupo de hackers havia roubado bitcoins fizeram a moeda sofrer uma forte desvalorização, perdendo mais de 20% de seu valor.

A ausência de regulamentação e a sensação de poder movimentar seus bens longe do controle dos governos são atraentes para os libertários, que filosoficamente se colocam contra as "intromissões" dos bancos centrais.

Apesar de classificar e destacar algumas peculiaridades dos principais perfis de usuários da moeda, o resultado do estudo se aproxima do que era esperado e pouco se difere de análises que o antecederam. Na verdade, ele até confirma dados colhidos por outra pesquisa feita em 2013 com mil usuários da moeda pelo site Simulacrum. Esse estudo apontava como perfil majoritário do usuário de bitcoin homens com ideologia libertária e de aproximadamente 32 anos.

Entenda o método da pesquisa

Para realizar o estudo, os pesquisadores levantaram informações sobre as buscas no Google por termos-chave como "Buy bitcoin" e as cruzaram com outras palavras pesquisadas por usuários do buscador. Desse modo, tentaram estabelecer uma correlação entre a procura pela criptomoeda e o interesse em atividades ilegais na rede. A mesma coisa foi feita em relação a outras possíveis preferências dos usuários, como investimento, pagamentos online, etc.

Utilizando-se dessa metodologia, os pesquisadores descobriram que dos quatro perfis de potenciais usuários de bitcoin, dois eram mais propensos a adotar a moeda do que os demais. Contudo, isso não quer dizer que as conclusões desse estudo sejam definitivas, muito menos que os métodos empregados sejam os melhores para se compreender quem é o usuário da criptomoeda ou quais os motivos que os fazem adotar um sistema financeiro alternativo para fazer transações.

Outras técnicas de pesquisa, bem como abordagens distintas podem levar a conclusões diferentes das encontradas no estudo em questão. Portanto, a análise mencionada funciona apenas como um retrato possível do objeto estudado, com base nos dados obtidos pelos pesquisadores. A verdade é que os resultados dessas pesquisas nunca serão exatos, mas têm grande importância, uma vez que promovem um avanço enorme no que diz respeito a entender o mercado.

Como obter bitcoins?

Existem basicamente três razões para alguém utilizar bitcoin: curiosidade, política e lucro. E, ao menos em tese, qualquer pessoa pode ter sua própria carteira digital e transacionar com bitcoin. Inclusive, ficou mais fácil adquirir a moeda, vendê-la ou usá-la como meio de pagamento. Com o crescimento da comunidade de usuários de moedas digitais, têm surgido inúmeras empresas especializadas em prestar serviços para esse público. São câmbios e corretoras de valores, carteiras digitais e empresas de caixa eletrônico, fora as consultorias e outros negócios que formam a nova economia nascida a partir da blockchain.

Do ponto de vista técnico, está mais fácil obter a moeda, mas ela também ficou mais cara após a popularização

Hoje, quem deseja começar pode conseguir suas primeiras moedas por diversas maneiras lícitas: minerando, comprando moedas de quem já as possui ou aceitando-as em troca do pagamento por bens e serviços.

No primeiro caso, a obtenção das criptomoedas está cada vez mais difícil devido à ação dos chineses nesse mercado e do uso, por poucas pessoas, de máquinas superpotentes para fazer esse trabalho. Isso acontece porque o software gerador das bitcoins foi desenvolvido de forma que quanto maior o número de computadores minerando a moeda, maior será o nível de dificuldade em realizar a tarefa, o que limita a emissão de novas BTCs e desestimula quem deseja fazer o serviço em casa com seu computador pessoal.

Ou seja, a menos que você tenha condições de montar uma estrutura gigante, a dificuldade e o custo elevado para se obter pequenas quantidades da criptomoeda podem não compensar no final do processo. Aventureiros que tentaram montar um sistema de mineração em casa relatam que cerca de 12 horas de trabalho rendem aproximadamente 0,30 BTC, portanto, se colocado isso na ponta do lápis, é bem provável que a balança fique desequilibrada na hora de somar os gastos com energia elétrica, equipamentos e o desgaste do *cooler* do computador, entre outras coisas necessárias no processo, e compará-los com a quantidade de bitcoins rendida.

Já no segundo caso, é possível transferir valores de sua conta corrente para uma corretora que fará a conversão da moeda convencional para bitcoin e armazenará as informações relativas ao seu saldo em uma carteira digital. E, para quem não tem acesso a banco, é possível ainda utilizar caixas eletrônicos de BTC.

No Brasil, ainda existem poucos caixas eletrônicos desse tipo, mas a boa notícia para quem trabalha com bitcoin é que existem iniciativas para a fabricação desses terminais por aqui. Se, de fato, seguirmos aquilo que tem sido praticado no exterior, a tendência é que essas máquinas se proliferem em terras brasileiras. Afinal, ao redor do mundo, os caixas ATM de bitcoins já se tornaram uma realidade. Para se ter uma ideia da magnitude da novidade, atualmente, América do Norte e Europa são os líderes em quantidade de equipamentos ATM para moedas digitais, com mais de mil tipos de máquinas diferentes, fabricadas por diversas empresas.

Uma terceira alternativa seria convencer seu empregador a lhe pagar o salário em criptomoedas. Nesse caso a tarefa seria um tanto complicada devido à falta de regulamentação da moeda, que não daria segurança o suficiente para que uma empresa pague os salários de seus colaboradores com moedas digitais. Há ainda a possibilidade de se realizar serviços pela internet que ofereçam pagamento na moeda digital ou mesmo aceitá-las como forma de pagamento de produtos e serviços comercializados on-line.

Após abrir uma carteira e adquirir suas primeiras moedas, o usuário já pode começar a pagar suas compras em alguns dos milhares de websites e lojas internacionais que aceitam a moeda, fazer saques e enviar dinheiro ao exterior, ou, simplesmente, juntá-las até que se valorizem.

{No Brasil, ainda existem poucos caixas eletrônicos desse tipo, mas a boa notícia para quem trabalha com bitcoin é que existem iniciativas para a fabricação desses terminais por aqui.}

Com taxas menores do que o sistema financeiro convencional, o bitcoin tem servido bem pessoas que precisam enviar remessas ao exterior

Remessas ao exterior a taxas menores

Por se tratar de um sistema de pagamento p2p (peer-to-peer), no qual o usuário consegue transferir eletronicamente seu dinheiro para qualquer lugar no mundo de forma direta, instantânea, sem intermédio e com baixíssimos custos de transação, a criptomoeda caiu no gosto de brasileiros que necessitam enviar dinheiro ao exterior.

Quando feitas com bitcoin, remessas desse tipo podem custar no mínimo 10% menos do que se fossem feitas de forma convencional. Além disso, com a moeda digital o sistema é menos burocrático: basta usar reais para comprar o dinheiro virtual no Brasil e revendê-lo no exterior, sacando em dólar, euro ou qualquer outra moeda, e está feita a remessa. Esse processo evita o pagamento de taxas, uma vez que nenhum centavo da transação será monitorado ou mesmo registrado pelo Banco Central ou por instituições financeiras em qualquer dos países entre os quais a transação foi realizada.

E outra vantagem encontrada por quem se utiliza desse método para remessas ao exterior é a redução do tempo de espera para que o dinheiro seja disponibilizado na conta do receptor da divisa. A média é que uma operação dessas demore ao menos quatro dias até que todas as informações sejam checadas pelo banco do país emissor e depois onde o dinheiro será sacado.

Os dois exemplos mais frequentes de uso do bitcoin para transações internacionais são aquelas feitas por famílias que custeiam os estudos dos filhos no exterior. E, de modo inverso, por brasileiros que trabalham em outros países e mandam para casa parte de seus salários.

Pelos meios convencionais, o envio de dinheiro do Brasil para qualquer outro país só pode ocorrer por meio de operações cambiais e pessoas físicas estão sujeitas a cobrança de Imposto sobre Operações Financeiras (IOF) de 0,38%, além do custo de remessa e o pagamento de corretagem, que varia de acordo com o valor da operação. Empresas devem usar uma corretora para compra dos dólares, informar a finalidade, pagar Imposto de Renda de até 33% (quando o destino é um paraíso fiscal) e todas as taxas às quais pessoas físicas estão sujeitas.

Shutterstock

COMPRANDO MINHAS PRIMEIRAS MOEDAS

Antes de começar a negociar com a criptomoeda é preciso ter uma carteira digital

Comprar e vender bitcoins está cada vez mais fácil, e na maioria dos casos a operação é simples até mesmo para quem nunca ouviu falar na moeda. Hoje em dia, basta uma conta de e-mail para criar uma carteira virtual. Com uma conta bancária e poucos dados pessoais, já é possível adquirir algumas moedas e conhecer, na prática, o conceito econômico do bitcoin. Veja, a seguir, três passos para adquirir com segurança suas primeiras moedas.

Cabe lembrar que essas dicas servem apenas para você iniciar no mundo das criptomoedas, e não para transacionar anonimamente com a divisa. Além disso, existem outras formas de se adquirir a moeda, conforme já demonstrado. Basta escolher a sua e começar a se sentir livre para movimentar seu próprio dinheiro sem sofrer controle de bancos, governos ou qualquer outra instituição.

1. CRIE UMA CARTEIRA DIGITAL

Se você deseja entrar no mundo do bitcoin, a primeira coisa que deve fazer é criar uma carteira virtual, na qual suas moedas serão "guardadas". Pense nela como uma conta bancária convencional, mas sem toda a burocracia para abrir e movimentar seus fundos ali depositados. A "carteira" de bitcoin é, na prática, o arquivo que guarda o par de chaves públicas e privadas verificáveis por todos os nós da rede durante uma transferência de valores. Essas informações são usadas na autorização das transações em criptomoedas.

Na hora de encontrar uma carteira virtual você pode escolher entre diversos serviços on-line. A bitcoin Core, por exemplo, é a carteira original criada junto com a criptomoeda, e que ainda é considerada a melhor opção. Mas se a sua escolha for por testar outro serviço disponível na internet, há várias empresas que oferecem esse tipo de acesso. Entre os usuários da criptomoeda, os websites Coinbase.com, Coinmkt.com, Blockchain.info e Hivewallet.com costumam ser apontados como carteiras com boa reputação, confiáveis e fáceis de serem utilizadas por iniciantes.

Para começar a trabalhar com elas, será necessário entrar no site da companhia que oferece a carteira e baixar o aplicativo, que funcionará no PC, Mac e servidores Linux. Após a instalação do programa, o cliente do bitcoin tentará estabelecer uma rede para baixar o banco de dados da blockchain. Mas cabe lembrar que cada uma dessas carteiras tem seus prós e contras, e é importante estudar qual se encaixa melhor em seu perfil. A Hive, por exemplo, está disponível apenas para o Mac e possui uma loja de aplicativos própria, que se conecta a outros serviços de bitcoin. Já a Armory é considerada uma carteira que prioriza a segurança do usuário.

Outro conselho que os usuários mais experientes do bitcoin costumam dar a quem está pensando em criar sua primeira carteira é procure uma que seja “leve”, como a “ultibit e a Electrum. Ou seja, que ocupe menos espaço no disco rígido e funcione mais rapidamente porque não faz o download de toda a cadeia de blocos de uma vez, deixando-a bem mais rápida.

E, com menos de um minuto, já é possível fazer todo o cadastro on-line da conta. A partir de então será possível comprar, vender e armazenar todas as BTCs que você possuir.

Veja algumas opções de carteiras digitais para você começar:

- Multibit
- Electrum
- Armory
- Coinmkt.com
- Blockchain.info
- Hivewallet.com
- bitcoin Core
- bitcoin Knots
- GreenBits
- BitGo
- Green Address
- Coinomi
- Coin.Space
- Copay
- Airbitz
- Mycelium
- Simple bitcoin
- MultiBit HD

2. COMPRE BTCS COM MOEDA CORRENTE

Com os dados pessoais e financeiros validados, não será difícil comprar suas primeiras moedas. Ao fazer o login na sua conta, veja na página inicial da carteira, pois, por lá, normalmente há um botão chamado “Buy bitcoin” (comprar bitcoin) ou algo similar. Basta clicar nele e informar o valor em moeda corrente (reais, dólar, euro, por exemplo) ou a quantidade de bitcoins desejada. Depois, basta seguir os passos apontados na tela para transferir dinheiro de sua conta convencional para a carteira recém-criada. E atenção: antes de concluir a operação, é importante que apareça em sua tela a cotação atual (preço que você pagará por cada bitcoin). Adquirir bitcoins é uma tarefa bem simples!

Se quiser vender bitcoin, é preciso ir até a tela inicial do sitc ou aplicativo e clicar em “Vender”. Digite a quantidade de bitcoins da qual quer se desfazer e siga as instruções para completar a venda.

3. SITES QUE PAGAM EM BITCOIN

Para quem é aficionado por computação e internet, há ainda outra forma de acumular bitcoins: fazendo pequenas tarefas em sites que remuneram seus “colaboradores” em moeda digital.

Os serviços que esses sites pedem aos usuários são relativamente simples, como digitar um captcha, assistir a um comercial, responder a pesquisas on-line ou acessar uma página na Web. Mas, antes de entrar nesses sites, é preciso que você crie uma carteira virtual para armazenar seus bitcoins. Faça um registro em qualquer site que gerencie carteiras virtuais, e, depois, basta acessar uma das páginas listadas abaixo, inserir as informações de sua conta digital, e começar a realizar tarefas para acumular bitcoin. Cabe lembrar que nenhum desses sites oferece uma grande remuneração para quem faz essas pequenas tarefas, mas já é uma forma de iniciar no mundo das moedas digitais.

4. USE SUA CONTA BANCÁRIA PARA TRANSFERIR DINHEIRO

Após ter uma carteira, chegou a hora de fazer os cadastros necessários para mover dinheiro de sua conta bancária para a carteira de BTCs. Geralmente, para fazer isso, é necessário informar os dados de uma conta em instituição bancária formal, da mesma maneira como se faz para comprar pela internet ou depositar dinheiro em sua conta no Paypal ou de qualquer outro serviço de pagamento on-line. Nessa operação, em geral, são pedidos pelo menos os seguintes dados: número da conta bancária e da agência, além do seu nome completo. Em alguns casos também pode ser requisitada uma opção de contato, como um número de telefone.

Os sites que pagam bitcoin em troca de tarefas

FREEBITCOIN (operações a cada 1 hora)

CLAIMBTC (operações a cada 20 minutos)

BITSFORCLICKS (uma vez ao dia)

GETYOURBITCO.IN (operação pode ser repetida a cada 5 minutos)

TAKEFREEBITCOINS (operação pode ser repetida a cada 5 minutos)

BOXBITCO.IN (operação pode ser repetida a cada 10 minutos)

BONUSBITCOIN (operações a cada 15 minutos)

MOONBIT.CO (não tem limites de tempo para iniciar nova operação)

777BITCO.IN (operação pode ser repetida a cada 15 minutos)

BITCOINZEBRA (operação a cada 15 minutos ou 1 hora)

BATTLEBIT.CO (operação pode ser repetida a cada 10 minutos)

Shutterstock

É possível lucrar com bitcoin?

O bitcoin passou a ser considerado por inúmeros especialistas em negócios digitais como uma das inovações mais promissoras do mundo virtual desde o surgimento da internet. E, apesar de ter origem em um conceito libertário, ao longo dos últimos anos o bitcoin caiu no gosto de investidores especulativos, que enxergaram uma grande oportunidade para fazer dinheiro com o potencial de valorização para a moeda nos próximos anos.

Entre os analistas especializados nesse tipo de negócio, existe a crença de que o aumento da adoção da moeda por investidores profissionais e os temores de instabilidade em torno das maiores economias do mundo podem alavancar o movimento de retomada no valor da criptomoeda, fato que já vem sendo observado desde o ano passado.

Para eles, o patamar de US$ 800 era um nível considerado chave para a moeda deslanchar, e ele já foi quebrado, dando início a um período de forte ascensão da divisa. Assim, a expectativa deles é que cada bitcoin chegue a valer até US$ 3 mil dólares até o final de 2017.

Há pelo menos dois tipos de pessoas que buscam lucrar com a valorização da criptomoeda: especuladores que compraram grandes volumes no período de baixa da divisa e agora encontram inúmeros entusiastas querendo aderir à novidade, movimento que aquece a demanda por seus estoques; e aqueles que têm acumulado valores numa espécie de poupança em bitcoins e esperam vender suas moedas assim que o valor chegue próximo à estimativa traçada por analistas.

A cobiça de quem compra bitcoin com vistas a vender no futuro por um valor mais caro só aumenta com histórias de gente que ganhou muito dinheiro ao acreditar no potencial da criptomoeda. Em geral, esses relatos são propagados em canais

Shutterstock

quantia depositada em carteiras digitais.

Olhando por essa ótica o cenário parece ser promissor, mas, atenção: assim como qualquer modelo de negócios ou investimento, o bitcoin apresenta riscos. E se especulação com moedas reguladas por bancos centrais já podem ser bastante arriscado em decorrência da dificuldade em prever a variação do câmbio, quando o assunto é uma divisa que dá anonimato às pessoas que negociam com ela e que está à margem de interferências de autoridades, podem demandar atenção redobrada. Por isso, é fundamental que você entenda todos os riscos envolvidos antes de gastar qualquer centavo.

Especialistas no assunto apontam ao menos três situações a serem consideradas antes de se apostar nesse nicho. A primeira delas é a volatilidade da moeda, que já teve períodos nos quais perdeu quase metade do seu valor em um único dia. Isso ocorre pelo fato de a criptomoeda ser algo inovador, o que gera incertezas em relação ao seu futuro.

de internet especializados no assunto ou mesmo entre usuários de BTC, em comunidades, listas de e-mail e fóruns virtuais.

Uma das histórias mais respeitadas por esses grupos é a de um estudante norueguês chamado Kistoffer Koch. Em 2009, na esteira do lançamento do conceito bitcoin, ele foi um dos primeiros a apostar na moeda. Na época, resolveu investir US$ 27 na compra de 5 mil bitcoins. Esse valor ficou praticamente esquecido em uma conta digital até abril de 2013, quando, após ver notícias de que a moeda sofrera grande valorização, o estudante resolveu verificar o saldo de sua carteira. Foi então que Koch teve a feliz constatação de que seu investimento havia lhe rendido US$ 886 mil.

Essa e outras notícias de pessoas que ganharam grandes somas em dinheiro investindo alguns trocados na moeda digital funcionam como uma espécie de imã para atrair novos investidores. É difícil, contudo, atestar a veracidade da maioria delas.

Outro argumento que tem convencido muita gente a especular com a moeda é a expectativa de que ela deixe de ser apenas um fenômeno de nicho e siga uma jornada no sentido de ampliar seu público. Há quem acredite inclusive que a criptomoeda teria como futuro inevitável tornar-se uma divisa de massas, com sua adoção por milhões de pessoas em todo o mundo. E como ela é finita, a entrada de novos usuários passaria pela compra de moedas das pessoas que já detêm alguma

Há quem acredite inclusive que a criptomoeda teria como futuro inevitável tornar-se uma divisa de massas, com sua adoção por milhões de pessoas em todo o mundo.

Outro risco desse tipo de negócio está relacionado à segurança da carteira. Ou seja, a invasão por hackers ou pessoas mal-intencionadas, e a infecção por malwares, que podem roubar a chave de segurança. O último risco apontado é a incerteza regulatória e legal do serviço: apesar de os programadores de bitcoin afirmarem que a moeda é segura, todo o processo de compra, venda ou transações para pagamentos com a divisa é feito sem o intermédio de banco ou a supervisão de autoridades que possam garantir a operação.

É o que alerta um relatório divulgado pelo escritório Almeida Advogado. Segundo o documento, apesar de oferecer chances atraentes de lucro, quem coloca parte de seu patrimônio em bitcoin pode sofrer com a ausência de segurança jurídica proporcionada pela regulamentação financeira da moeda, como a garantia do seu curso forçado (princípio que obriga o mercado de determinado país a aceitar uma única moeda como corrente), de manutenção da reserva de valor, de fiscalização do mercado e de centralização das informações. Tudo isso tornaria o investimento em bitcoins de altíssimo risco. "Investimentos em uma moeda que não possui lastro e cuja emissão e transação ocorrem à margem de qualquer regulação por parte de entidades financeiras ou controle de qualquer tipo é ainda mais arriscado para os investidores [do que um investimento convencional]".

10 MOTIVOS PARA INVESTIR EM BITCOIN

Novas oportunidades de negócios costumam chamar a atenção de pessoas com perfil mais agressivo, que costumam mapear investimentos que possam render altos lucros em curto espaço de tempo. Mas, ao mesmo tempo, a promessa de rendimentos acima da média e a falta de uma maturação no mercado desperta ceticismo em grupos com perfil mais conservador. Pensando em facilitar a vida de quem está estudando a possibilidade de investir nessa área, separamos algumas dicas que podem ser resumidas em dez motivos pelos quais os investidores deveriam ao menos considerar o bitcoin como seu próximo investimento.

1. AUMENTO DO PREÇO DO BITCOIN

Bitcoin foi o investimento que mais se valorizou no último ano. Por exemplo: no fim de junho de 2015, cada moeda era negociada no Mercadobitcoin.net por R$ 849 reais. E, no mesmo período em 2016, um único bitcoin passou a ser negociado por R$ 2.262. Ou seja, quem comprou a divisa naquela época e vendeu em um ano, lucrou 266%.

2. REDUÇÃO DO NÚMERO DE NOVOS BITCOINS CRIADOS

Quanto mais computadores trabalhando no processo de mineração da moeda, mais difícil fica o processo, e, automaticamente, menos bitcoins são criados. Em meados de 2016, por exemplo, a taxa de criação de novos bitcoins caiu de 25 moedas a cada dez minutos para a metade: 12,5 no mesmo período de trabalho. Isso, segundo especialistas da moeda digital, faz com que seu preço sempre aumente, caso a tecnologia seja de fato adotada em larga escala. Nesse caso, uma boa notícia para quem já tem algumas moedas guardadas em uma carteira digital.

3. VARIAÇÕES NO PREÇO ESTÃO MAIS ESTÁVEIS

Uma das principais críticas de parte dos usuários é a oscilação constante no preço do bitcoin. Esse problema, contudo, está caminhando para um patamar aceitável. Por vezes, teve variações menos intensas que os índices de ações americanas, por exemplo. Esse é um indicador de que a tecnologia está amadurecendo como uma moeda.

4. INSTABILIDADE DA ECONOMIA GLOBAL

Após o uso em Chipre, no ano de 2013, por pessoas que queriam se proteger da crise econômica, começou a se formar um consenso de que o bitcoin pode servir como uma porta de saída para situações econômicas adversas. Inclusive especialistas atribuem parte da valorização da moeda ao aumento na demanda por bitcoins na China, provavelmente de pessoas que desejam se precaver de incertezas com a economia local.

5. ELIMINAÇÃO DE CÉDULAS E USO DE DINHEIRO DIGITAL

Países como Noruega e Suécia estão discutindo formas de eliminar as cédulas de suas moedas. Em bom português, querem eliminar o dinheiro físico. E entusiastas das criptomoedas acreditam que movimentos como esse com certeza se repetirão em outros países, o que poderia impactar a demanda por moedas digitais, sendo que o bitcoin ocupa o lugar central entre elas.

6. ADOÇÃO DA CRIPTOMOEDA ESTÁ EM FRANCA EXPANSÃO

Em 2016, o número de transações na rede bitcoin ficou em torno de 200 mil por dia, enquanto em 2015 era cerca de 80 mil. Países completamente diferentes como Argentina, Finlândia, China e Brasil têm visto nos últimos anos a expansão das ferramentas da tecnologia. Ou seja, de qualquer ângulo que se olhe, o bitcoin parece ainda ter muito terreno pela frente.

7. O DESENVOLVIMENTO DA TECNOLOGIA ESTÁ AVANÇANDO

Cada vez mais desenvolvedores têm aderido ao bitcoin e contribuído com avanços do bitcoin. Inclusive, no ano passado, alguns dos limites técnicos da ferramenta foram atingidos. Após discussões bem acaloradas por parte dos engenheiros que trabalham na tecnologia, o problema está sendo resolvido e, em breve, diferentes soluções permitirão a expansão da rede de pagamentos descentralizada.

8. NOVOS USOS DA MOEDA

Entre as inovações que estão surgindo, há inúmeras inciativas que se aproveitam do conceito do bitcoin. Entre elas o OpenBazaar, que é uma espécie de e-bay sem dono e descentralizado que está trazendo para o mercado novos modelos de negócio. O OpenBazaar é recente e já conta com dezenas de milhares de usuários. Diversas outras tecnologias estão sendo criadas usando as moedas digitais.

9. FACILITA PAGAMENTOS E ENVIO DE REMESSAS

Por ser rápido e barato, o bitcoin possibilita uma transação entre empresas e pessoas de qualquer lugar do mundo, sem a necessidade de intermediários, como casas de câmbio ou bancos. Com isso, a moeda tem sido usada para fazer pagamentos e envio de remessas internacionais. E o que é melhor: com taxas mais baratas, em relação ao mercado convencional, e sem o controle de bancos centrais e governos.

10. CRIAÇÃO DE CONTRATOS INTELIGENTES

Contratos inteligentes são, basicamente, contratos que em vez de serem escritos em linguagem jurídica, são escritos por meio de programas de computador. Existe um projeto chamado Rootstock que pretende adicionar essa possibilidade à tecnologia do bitcoin.

EMPRESAS QUE ACEITAM BITCOINS

Bitcoin ganha adeptos também entre as pessoas jurídicas

Parte fundamental para o processo de desenvolvimento das criptomoedas, e, em especial, do bitcoin é a formação de uma rede de estabelecimentos que aceitem o dinheiro nascido na internet como meio de pagamento por produtos e serviços. Afinal, ninguém vai querer investir um tostão sequer em uma moeda que não pode comprar nada, não é mesmo?

Mas, para a alegria dos entusiastas da economia livre e desregulamentada, hoje, no mundo, cerca de 60 mil estabelecimentos já aceitam a moeda digital como meio de pagamento. E quanto mais pessoas entram no sistema da criptomoeda, maior é o interesse de empresários em receber por meio delas.

O número real de estabelecimentos que trabalham com a moeda ainda é incerto, e há sérias divergências entre quem tentou mensurar isso. A ferramenta Coinmap, por exemplo, aponta apenas 57 estabelecimentos aceitando essa tecnologia no Brasil. Outros sites têm previsões mais otimistas, que chegam a algumas centenas. Há também quem diga que mais de mil comerciantes trabalhem com moeda digital para vender produtos e serviços em terras brasileiras.

Entre esses estabelecimentos podem ser listados o bar e bicicletaria Las Magrelas, a loja virtual Webtrônico, a Pousada Kyrios (localizada em Maresias, São Sebastião, no litoral norte de São Paulo), a loja virtual de bebidas Terras Brasilis, a agência de aluguel de apartamentos Copa Apartments (Rio de Janeiro) e um centro de práticas budistas, o Pedra Negra das Bromélias (região serrana do Espírito Santo).

Para ajudar os usuários da criptomoeda a encontrarem um lugar para gastar suas bitcoins acumuladas, a Rexbit, empresa especializada na educação em bitcoin no Brasil, que oferece cursos presenciais e à distância sobre o assunto, mapeou empreendimentos que aceitam esse tipo de pagamento e criou o Mapa bitcoin. Por meio dessa ferramenta é possível fazer uma busca estabelecendo critérios como a cidade onde se deseja obter informações sobre as lojas registradas, e ele fornecerá dados como endereço, site e opções de contato por e-mail e telefone, se estiverem disponíveis.

Outra boa fonte para se pesquisar lojas físicas e virtuais que aceitem bitcoin é o blog "Lojas que aceitam bitcoins", que é atualizado sempre que é cadastrado um novo estabelecimento comercial no Brasil que aceita a criptomoeda como forma de pagamento.

A verdade é que, quanto mais locais aceitarem a moeda, maiores serão os estímulos para que pessoas tenham interesse em conhecer e utilizar a criptomoeda, impulsionando positivamente o mercado.

Pensando nisso, muitos empreendedores do mercado digital têm olhado com atenção para o bitcoin e criado soluções que se adequem ao conceito do dinheiro 2.0. É o caso, por exemplo, da startup Snapcard, fundada nos Estados Unidos, e que oferece no mercado uma aplicação que facilita o recebimento dos valores através de um aplicativo para lojistas. A plataforma é gratuita para quem vende, mas uma taxa de 0,5% é cobrada em cada transação. Bem menor do que os 5% ou 6% descontados das vendas em sistemas convencionais, como cartões de crédito e débito.

No Brasil, a companhia atua em parceria com a PagPop para distribuir sua tecnologia entre os empresários daqui, e estima que é possível chegar a 15 mil pontos comerciais cadastrados para aceitar bitcoin por meio de seu sistema nos próximos anos.

Com a nova moeda virtual ganhando adeptos, aceitá-la como meio para pagamentos pode ser uma ótima estratégia de marketing, sobretudo para pequenos negócios. É o caso da empresa Terras Brasilis, que vende bebidas pela internet e já tem quase 20% de todas as vendas feitas pela internet pagas em bitcoin.

Iuliia Timofeeva / Shutterstock, Inc.

Aracaju, capital nacional do bitcoin

Levando-se em consideração as informações do Mapa bitcoin, a cidade Aracaju, capital do Sergipe, já tem mais de 50 lojas que aceitam bitcoin como meio de pagamento. E, por isso, tem sido considerada a cidade no Brasil com o maior número de pontos comerciais a adotar a tecnologia, superando até mesmo São Paulo, principal centro econômico do país e onde vivem mais de 12,4 milhões de pessoas.

Em uma breve navegação pelo Mapa bitcoin é possível encontrar empresas que vendem todo tipo de produto ou serviço em troca de bitcoins. Fazem parte da lista algumas lojas de roupas, de artigos e serviços de informática, escritório de advocacia, revenda de automóveis, comércio de suplementos alimentares, hotéis, restaurantes e até mesmo táxis, entre outros tipos de vendas de produtos ou prestação de serviços.

A adesão maciça de comerciantes locais à tecnologia bitcoin como meio de pagamento ocorre porque a cidade recebeu cursos que ensinam como as lojas podem trabalhar com essa tecnologia e os benefícios dela para conseguir atrair clientes de outras localidades, principalmente aquelas que mantêm vendas pela internet.

Aracaju é considerada a cidade brasileira que mais tem lojas dispostas a aceitar pagamento em bitcoin

Operação é semelhante a um pagamento convencional, porém mais ágil e barata

Shutterstock

Como comprar e vender em bitcoin?

Em linhas gerais, uma operação de compra e venda com moedas digitais é semelhante a uma com o dinheiro convencional, especialmente quando o pagamento é realizado com cartões de crédito e débito. Só que a transação é mais simples e rápida, e, além disso, tem um custo muito menor em relação aos meios de pagamento regulamentados no Brasil: apenas 0,05% do valor que será transferido da carteira do comprador para a do vendedor é retido como custo da operação. Em alguns casos, se o lojista optar por utilizar o sistema de alguma empresa para viabilizar a operação, pode ter de pagar alguma taxa extra, mas, mesmo assim, ainda estaria longe daquela praticada no mercado de pagamentos formal. Hoje, no comércio, as taxas cobradas pelas empresas de cartões de crédito e débito variam entre 3% (para grandes empresas) e 7% (percentual descontado de lojas que tem pouco ou nenhum poder de barganha). A economia para o lojista é sensível.

Em seu aspecto mais prático, essa movimentação é muito semelhante a qualquer outra: o comprador autoriza o desconto de uma quantidade de bitcoins de sua conta e informa à rede que a mesma quantia deve ser creditada na carteira do vendedor. Após a confirmação da operação pelos nós da rede, ela é efetivada. A partir de então, o comerciante pode receber em bitcoin ou pode usar algumas empresas no mercado para fazer uma conversão automática e receber em moeda corrente, que pode ser real, dólar ou qualquer outra que ele preferir.

A ideia que permeia esse modelo de transação busca conferir ao dono do dinheiro um maior controle sobre a movimentação financeira e dar ao usuário uma garantia de que nenhum dinheiro será retirado de sua carteira sem que ele permita. É semelhante a possuir dinheiro físico em sua carteira, mas com a segurança extra de que se alguém roubá-la e não souber a senha de acesso, não vai conseguir usar o dinheiro que está dentro dela.

Com o bitcoin, lojistas podem driblar as altas taxas cobradas pelas operadoras de cartões de crédito e débito

Shutterstock

Um outro nível de segurança que o bitcoin confere às transações é que, como o próprio usuário diz quanto vai pagar e para quem, evita a necessidade de se existir uma operação de estorno para devolver um dinheiro indevidamente retirado.

Mas, ainda que no aspecto operacional as transações com bitcoin tenham elementos que conferem maior controle do dinheiro pelo usuário e segurança, é bom ficar atento com quem você negocia na rede, pois uma escolha errada pode lhe trazer uma baita dor de cabeça, uma vez que as transações são irreversíveis.

Se houvesse um mecanismo que possibilitasse reverter uma transação efetuada com a criptomoeda, com o intuito de devolver o bitcoin enviado de um endereço para o outro, isso significaria ter que apagar um registro no blockchain e subtrair o saldo de dentro de uma carteira e adicionar esse valor novamente na carteira de origem. Ou seja, a operação seria complexa demais e poderia abrir espaço para que pessoas mal-intencionadas pudessem encontrar formas de subtrair valores de carteiras de outros usuários. Portanto, quando uma operação é confirmada pela rede, não pode mais ser desfeita, e o saldo de sua carteira bitcoin sempre estará atualizado.

Assim, nesse ponto, a lógica do pagamento em criptomoeda é bem parecida com a do pagamento em dinheiro: é preciso saber a quem você entrega seu dinheiro antes que a pessoa coloque as mãos nele. Caso contrário, é provável que você tenha sérios problemas para reaver os valores. Em situações delicadas como essa o mais correto será recorrer à Justiça ou aos órgãos de proteção ao consumidor.

Afinal, o bitcoin foi somente o meio escolhido para o pagamento pelo produto adquirido ou serviço realizado, e não uma entidade que garante seu dinheiro de volta caso algum imprevisto aconteça. E, como a moeda digital ainda não é regulamentada no Brasil, fica mais complicado recorrer a essas instituições para tentar garantir seus direitos. O mais prudente é sempre adquirir serviços ou produtos de empresas que você possa confiar e que possuam um sistema de atendimento ao cliente eficiente, ao qual você poderá recorrer caso algo diferente do normal aconteça.

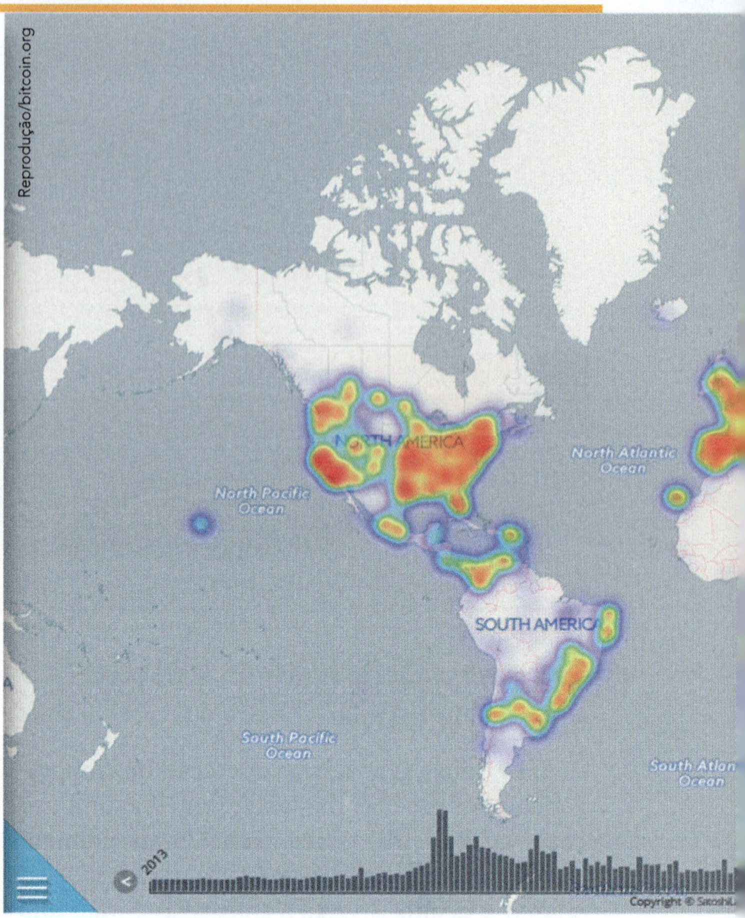

Reprodução/bitcoin.org

Aceitação do bitcoin no mundo

Para impulsionar o uso do bitcoin como um dinheiro comum, programadores que trabalham com o código da criptomoeda criaram o Coinmap, um mapa aberto e colaborativo que tenta mensurar a quantidade de lojas físicas que já aceitam a moeda digital e localizá-las em mapas abertos como o Map Quest e o OpenStreetMap – semelhantes ao Google Maps.

Por meio da iniciativa, eles buscam também responder quem são e o que vendem os estabelecimentos comerciais que trabalham com a criptomoeda como meio de pagamento.

O serviço de localização exibe um mapa de calor com as cidades no mundo inteiro que possuem lojas que aceitam bitcoin. É possível enxergar a localização exata da loja quando o mapa é aproximado, e a ferramenta também permite filtrar os resultados de pesquisa para focar em regiões e ou categorias de produtos de acordo com o que se quer encontrar.

Gráfico de calor do site coinmap.org mostra locais onde há maior concentração das lojas que aceitam bitcoins

Apesar da imprecisão nas informações, o mapa é interessante para dar uma noção de como está a aceitação da moeda no mundo.

E qualquer pessoa com boa vontade pode ajudar a cadastrar novos estabelecimentos que aceitam a moeda. Para isso, basta colocar as informações relativas à loja que está sendo cadastrada e inserir o comando "payment:bitcoin=yes" para bitcoins ou "payment:litecoin=yes for Litecoin" para litecoins.

Como a ferramenta depende da ação voluntária do dono do estabelecimento ou de usuários, ela tem como fragilidade a falta de precisão, caso alguém queira usá-la como forma de medir a penetração das criptomoedas no mundo empresarial, além do fato de ela não ter números muito precisos de quantos estabelecimentos de fato trabalham com bitcoin e similares.

Mas quem pretende usar seus bitcoins, amparado por esse serviço é possível encontrar de tudo e até planejar onde gastar criptomoedas durante uma viagem: atrações culturais, bares, cafés, restaurantes e muito mais.

No Japão, por exemplo, há apenas 26 estabelecimentos registrados, apesar de o país ser onde a moeda digital foi amplamente difundida e já é aceita até para o pagamento de faturas como a conta de luz. Já quando se observa a distribuição das lojas que trabalham com bitcoin na América do Sul, é possível notar um fato curioso: a maior parte da contribuição na região não vem do Brasil, o maior país em extensão territorial da parte sul do continente. Daqui entram na lista apenas 57 locais, enquanto na Argentina são apontados aproximadamente 87.

A América do Norte é a campeã em número de estabelecimentos, com 1877 registrados – desses, 1804 estão nos Estados Unidos. Para se ter uma ideia, apenas na cidade de Nova York, há mais de 100 lojas cadastradas. Em São Francisco, considerada a principal cidade do Vale do Silício, o número é ainda maior: 109 lojas.

Em seguida vem a Europa (1612), a Ásia (246), a América do Sul (252), a Oceania (136) – só na Austrália são 109 – e a África (46).

Apesar da imprecisão nas informações, o mapa é interessante para dar uma noção de como está a aceitação da moeda no mundo, e, principalmente, para que usuários dessa tecnologia possam conhecer lugares próximos de suas casas ou empregos, que já trabalham com ela.

14 COISAS PARA COMPRAR COM BITCOIN

Com o bitcoin é possível comprar praticamente tudo, de pacotes de viagem à casa própria

Geralmente as informações que circulam sobre o bitcoin o colocam como uma modalidade de investimento com a promessa de altos lucros. Mas, na verdade, o conceito foi originalmente pensado para funcionar como uma moeda, assim como o real ou o dólar, entre outras, que teria valor e poderia ser trocada por objetos e serviços, ao gosto de quem estivesse comprando. Você vai conhecer agora 14 possibilidades de uso das suas criptomoedas e saber que a tecnologia de transações peer-to-peer (P2P) vai muito além de compra e venda da próxima moeda digital.

1. HOSPEDE-SE EM MARESIAS

Caso você esteja planejando onde vai passar suas próximas férias e tem alguns bitcoins, saiba que pode colocar Maresias, uma das praias mais belas do litoral norte de São Paulo, em seu roteiro. Além da paisagem adornada pela belíssima natureza local, o visitante não precisa abrir mão das praticidades proporcionadas pela tecnologia e pode usar as criptomoedas para pagar suas diárias na Pousada Kyrios. O estabelecimento oferece uma hospedagem econômica e confortável a seus clientes, que podem desfrutar de um café da manhã reforçado, serviço de quarto completo e internet wireless de boa qualidade.

2. COMPRAR CERVEJAS E CONSERTAR SUA BICICLETA

O bar e bicicletaria Las Magrelas, localizado no bairro da Vila Madalena, zona oeste da capital paulista, é um dos estabelecimentos que aderiu ao bitcoin como forma de aceitar o pagamento de seus clientes. O local transpira inovação, seja pelo fato inédito de oferecer a possibilidade de se tomar uma cerveja enquanto conserta sua bicicleta, quanto pelos eventos que acontecem por lá: a exemplo do lançamento oficial da impressora 3D conhecida como Metamáquina.

3. CONTRATAR SERVIÇO DE MUDANÇAS

Pretende se mudar para os Estados Unidos ou já mora lá? Então você pode contratar os serviços do Accountable Moving. A empresa garante um excelente atendimento por preços justos. E o melhor: também trabalha com bitcoin. Portanto, se precisa de um serviço de mudança residencial ou de escritório nos EUA, ou até mesmo deixar alguns móveis armazenados, pegue aquelas moedas digitais que estão sobrando na sua carteira e contrate a empresa. É possível inclusive solicitar um orçamento sem compromisso por meio do site oficial da companhia.

Shutterstock

5. VIAJAR PELO MUNDO

Quem visita a página inicial do BtcTrip, uma agência de viagens que trabalha exclusivamente com bitcoin, certamente vai encontrar boas promoções de viagem em BTC, tipo: "Travel to Brazil from 1,5 bitcoins!". É que a empresa costuma organizar promoções periódicas para quem deseja acompanhar algum evento especial. Entre as promoções já feitas pela agência estão ingressos para o Lollapalooza e viagens para o Chile ou para o Canadá, por exemplo. A companhia oferece também pacotes para a Irlanda, o Japão, a Califórnia, a Argentina, a Índia e a China. Acesse e confira as ofertas. Vale a pena conferir qual é a promoção do momento.

Shutterstock

4. COMPRAR GAMES EM FORMATO DIGITAL

Na plataforma SteamBits é possível comprar uma dezena de títulos que são transferidos rapidamente para a sua conta no Steam, Uplay, Origin ou Xbox LIVE. E o melhor de tudo: sua fatura pode ser paga com bitcoin. Aliás, o grande atrativo do site é justamente a variedade de meios de pagamento que eles aceitam: é possível comprar jogos usando cartões nacionais, débito automático e até mesmo boleto bancário. E, claro, agora também é possível adquirir games usando a criptomoeda. Na visão de especialistas, o ponto negativo do site ainda é o fato de o catálogo nem sempre estar atualizado, além da pouca variedade de games, mas, se você tem alguns bitcoins, ainda é uma alternativa a se considerar.

6. REGISTRE DOMÍNIOS

Apesar de poucas pessoas saberem disso, o NameCheap, um popular serviço de registro de domínios, também aceita bitcoin. A anuidade para manter o registro gira em torno de US$ 4. O problema para quem é do Brasil é que eles não trabalham com endereços ".br", mas é possível adquirir nomes com domínio.com, .org, .net, .co.uk e derivados. A companhia também presta serviços de hospedagem de páginas Web (simples ou dedicada), certificado SSL e proteção Whois.

Shutterstock

Shutterstock

7. IMPORTE PRODUTOS PARA BEBÊS

Teve a feliz notícia que vai ter um filho? Então, que tal comprar roupas, mamadeiras e outros produtos para o bebê usando moedinhas virtuais? Isso é possível no site holandês BabyCare.nl que aceita encomendas internacionais e permite que o cliente pague da forma que achar mais conveniente: cartões de crédito das bandeiras Visa, Mastercard, American Express, Paypal, GiroPay, iDeal e bitcoin. E um detalhe importante: o estabelecimento é realmente seguro e conta com uma loja física que atua desde 1970 na cidade de Veendam.

8. COMPRE EQUIPAMENTOS PARA ROBÓTICA

Isso é possível por meio da loja virtual brasileira Webtronico, especializada em kits Arduino e outras peças comumente utilizadas para projetos no campo de eletrônica e/ou robótica. E, além de aceitar o pagamento em bitcoin, a empresa oferece quase de todos os materiais necessários para montar um projeto nesse site: cabos, LEDs, circuitos integrados, capacitores, reguladores, resistores, displays LCD, motores, baterias, sensores e módulos diversos de comunicação (GPS, WiFi, RFID etc.). Outra comodidade ofertada aos clientes é que a loja entrega em todo o Brasil.

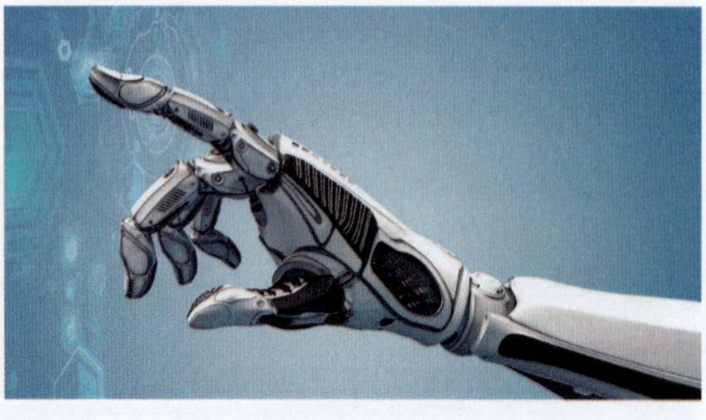

9. COMPLETE SUA COLEÇÃO DE FACAS

O nome da loja indica sua política de vendas. O Knives4bitcoin é uma loja virtual que trabalha exclusivamente com facas de todos os tipos e aceita pagamentos apenas em BTC. Há modelos para todos os gostos: de caça, buttlerfly, mola frontal, miniaturas, entre outros possíveis. E se você é daquele tipo que gosta de se aventurar em acampamentos e trilhas nos finais de semana, conseguirá encontrar por lá alguns modelos de canivetes táticos; afinal, eles podem ser bastante úteis em situações de emergência. E a loja também atende ao público que deseja uma nova faca para a casa ou até mesmo quem gosta de adquirir esses objetos por puro hobby.

10. FAÇA UMA FACULDADE

Já pensou em se tornar empreendedor? Pois a oportunidade pode ser a Draper University, localizada em San Mateo, Califórnia. A instituição chamou a atenção do mundo inteiro ao anunciar que passaria a aceitar bitcoin como meio de pagamento para as mensalidades de seus cursos. A instituição atua no campo de administração de empresas e tem como missão formar empreendedores criativos – talvez por isso tenham optado por abrir espaço para a mais falada novidade da economia digital. Nessa universidade, o método de ensino é bastante diferente do usual: durante os últimos oito meses de curso, cada aluno cria e gerencia sua própria start-up – de verdade – com a ajuda de monitores especializados.

11. COMER PIZZA

A pizza foi o primeiro produto a ser comprado com bitcoin, em 2009. E até hoje é possível encomendar uma e pagar com a criptomoeda. Se você estiver de passagem pelos EUA, Canadá ou Reino Unido, pode experimentar a PizzaForCoins, que não é exatamente uma pizzaria, mas ainda assim funciona bem: você primeiramente escolhe alguma lanchonete próxima da sua residência, faz o pedido e paga diretamente para o endereço informado pelo site. Após receber o valor, a companhia fará o pedido na pizzaria escolhida e solicitará a entrega para a sua casa.

Shutterstock

12. FAZER CIRURGIAS ESTÉTICAS

Não está satisfeito com alguma parte do seu corpo e quer dar um "up" em sua autoestima? A Elite Body Sculpture e suas filiais em Beverly Hills e Sacramento, ambas na Califórnia, aceitam bitcoin como pagamento por cirurgias plásticas. Ficou interessado? Corra para conhecer o site oficial da clínica, no qual é possível conferir fotos de "antes e depois" de todas as operações oferecidas pela instituição antes de agendar sua consulta.

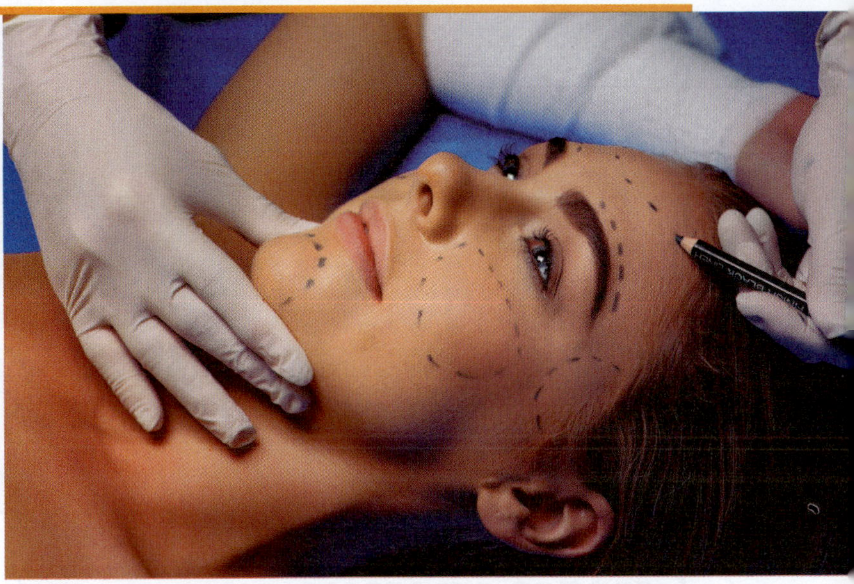
Shutterstock

13. ENCOMENDE BIJUTERIAS DE ACRÍLICO

Que tal ter um pingente com alguma arma de League of Legends ou com algum emblema de Kingdom Hearts? É possível comprar itens como esses e pagar em bitcoin na TrinketSlot, loja que comercializa bijouterias voltadas para geeks e gamers de todas as idades e tem em seu catálogo itens como colares, gargantilhas, chaveiros, brincos e até mesmo alguns óculos. Fazem parte da lista até mesmo algumas peças feitas especialmente para casais – como uma pokebola e um "coração 8 bits" que se dividem em duas peças diferentes, para ser partilhada pelo casal. A loja aceita também encomendas de peças com design exclusivo. Nesse caso, o cliente deve entrar em contato com a equipe do site. Os pedidos são enviados diretamente de Cerritos, Califórnia.

14. REALIZE O SONHO DA CASA PRÓPRIA

Já pensou em morar em Barcelona? Pois acredite se quiser, com bitcoin é possível realizar o sonho da casa própria e ainda morar na cidade espanhola. Em 2014, um espanhol colocou sua casa à venda e deixou bem claro que só aceitaria duas formas de pagamento: 970 mil euros ou 10 mil bitcoins. A residência localizada no centro da cidade foi construída em 1990 e possuía quatro andares, com três quartos, três banheiros e uma sala que poderia ser utilizada como escritório, além de uma espaçosa garagem.

O anunciante, que se declara um ativista anticapitalista, diz acreditar que o bitcoin pode ser a porta para mudar ou derrubar o sistema financeiro como o que conhecemos hoje: dominado por bancos e gerido pelo Estado.

Shutterstock

Shutterstock

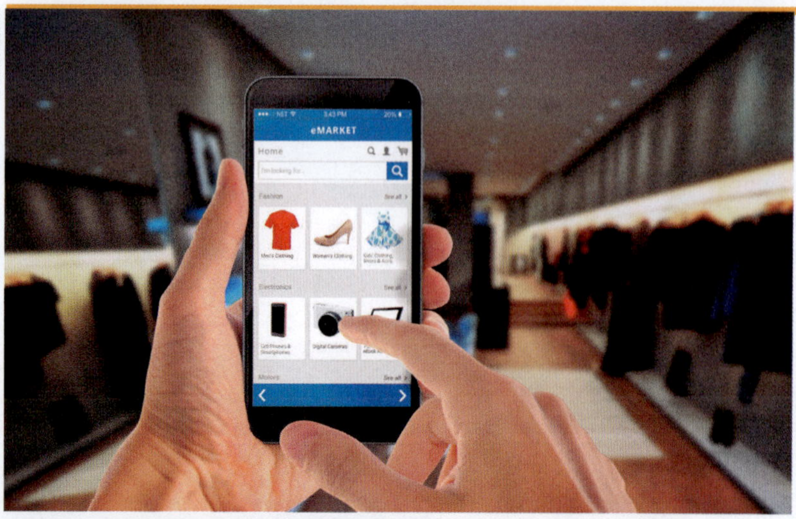

Com bitcoin também é possível comprar produtos de marcas famosas

Grandes empresas também entram na onda do bitcoin

Nesse momento, o bitcoin pode ser uma ferramenta importante para pequenos e médios negócios atraírem clientes, ou mesmo como meio de pagamento em empresas voltadas para o público nativo digital, a exemplo de serviços on-line como Namecheap, WordPress, Reddit e Flattr, populares na internet.

Mas engana-se quem pensa que a função da criptomoeda no comércio limita-se a funcionar como ferramenta de marketing para essas empresas. Grandes corporações e também negócios tradicionais estão abrindo os olhos para o potencial do novo conceito econômico, e começaram a disponibilizar canais para receber o pagamento de clientes por meio da moeda digital.

Companhias de renome como a Dell, PayPal e Microsoft também resolveram aderir à criptomoeda, o que tem sido encarado por entusiastas do código como um indicador de sucesso a essa tecnologia peer-to-peer de transferência de valor.

Um relatório de acompanhamento de mercado feito pela Coindesk.com aponta que, até o final do terceiro trimestre de 2015, a quantidade de estabelecimentos que já aceitam receber pagamentos em bitcoin chegou a 106 mil em todo mundo. Na mesma época, no Brasil, algumas centenas de estabelecimentos trabalhavam com a criptomoeda, incluindo grandes corporações globais. Infelizmente não há muitos dados confiáveis que retratam o setor num período mais recente. Entretanto, olhar para as companhias que já aceitam a tecnologia da moeda 2.0 como forma de receber pela venda de produtos ou prestação de serviços mostra o potencial que a criptomoeda tem para se desenvolver.

Confira a seguir algumas dessas empresas:

Expedia

Considerado um dos maiores sites de viagens do mundo, o Expedia permite que você compre passagens aéreas, reserve hotéis e outros tipos de acomodações pagando tudo através da sua carteira digital de bitcoin. Por meio desse site, é possível literalmente viajar por todo o mundo utilizando a criptomoeda como meio de pagamentos.

Overstock

A Overstock, uma das maiores lojas de varejo on-line dos Estados Unidos, foi pioneira na era bitcoin e passou a aceitar a moeda logo em seu período de ascensão, em janeiro de 2014. E, claro, de imediato, as vendas por meio da criptomoeda dispararam. O CEO da Overstock, Patrick Byrne, é um entusiasta da tecnologia e mantém parte dos bitcoins obtidos com suas vendas como um ativo da companhia. Além disso, ele também decidiu doar 4% do valor das vendas com bitcoins para fundações que apoiam a moeda.

Hadrian / Shutterstock, Inc.

Dell

Uma das maiores vendedoras de produtos de tecnologia em todo o mundo, e detentora de uma linha completa de itens de informática, como notebooks, sistemas de som, monitores e muitos outros produtos relacionados à tecnologia, a Dell, gigante da computação também aceita bitcoin na venda de seus produtos. Por meio do site da empresa, é possível adquirir qualquer produto e fechar seu carrinho de compras pagando com a criptomoeda.

Shutterstock

PayPal

Por meio do serviço PayPal Payments Hub, é possível utilizar bitcoins para realizar pagamentos em todo mundo através do sistema de uma das precursoras do setor de e-commerce. Cabe lembrar que a PayPal cresceu absurdamente nos últimos anos e figura hoje como uma das grandes empresas de processamento de pagamentos em todo o mundo.

Microsoft

A empresa de Bill Gates dispensa apresentações. Dona de uma infinidade de patentes de produtos que fazem parte do dia a dia de quem utiliza informática seja para trabalho ou lazer, também entrou no mundo do dinheiro digital. E qualquer cliente pode usar bitcoins para comprar no site da companhia aplicativos, jogos e outros conteúdos digitais, como programas licenciados pela empresa. Outra novidade é que até mesmo por meio do buscador Bing, que pertence à Microsoft, é possível gastar bitcoins com serviços oferecidos pela plataforma.

Shutterstock

Gyft.com

O site de compra de vale-presentes Gyft.com permite a seus clientes acessar produtos de centenas de grandes empresas e fazer o pagamento da compra todo em bitcoin. É possível, por exemplo, adquirir um voucher no site para ser transformado por produtos na Amazon.com, um café no Starbucks, e até mesmo uma lingerie na Victoria's Secret.

StockStudio / Shutterstock, Inc.

3 ONDE USAR BITCOIN?

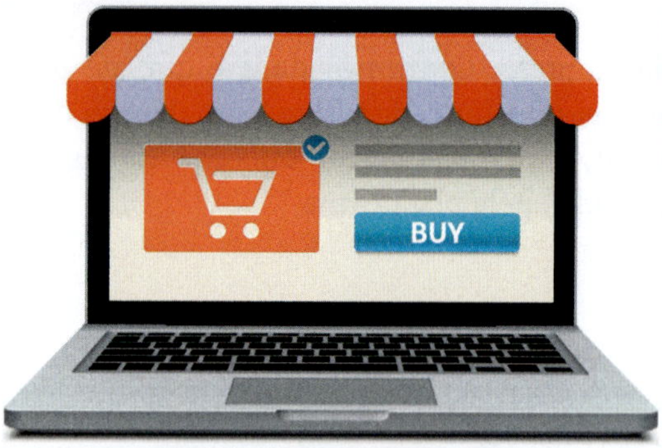

Shutterstock

Para gastar seus bitcoins on-line

A maioria das empresas que aceitam bitcoin fazem vendas pela internet, mas a tecnologia começa a chegar a lojas físicas

INFORMÁTICA

www.dell.com/ – empresa mundial de soluções tecnológicas
www.microsoft.com/ – empresa mundial de softwares e soluções de TI
www.drall.com.br/ – soluções em tecnologia
www.appideias.com/ – desenvolvimento de sites e aplicativos mobile
www.storlogi.com/ – hospedagem de websites
www.hostinger.com.br/ – hospedagem de websites
www.targethost.com.br/ – hospedagem de websites
https://chunkhost.com/ – hospedagem de websites
http://www.hyperbit.com.br/ – desenvolvimento de software e manutenção de computadores
www.microum.com.br/ – criação de sites e lojas virtuais
www.etist.com.br/ – desenvolvimento e hospedagem de sites
www.webhaus.com.br/ – hospedagem de sites
www.grupow.com.br/ – sistemas para internet
http://q2info.com.br/ – serviços de TI
www.gv8.com.br/ – franquia de desenvolvimento de sites e sistemas
www.hospedefacil.net/ – desenvolvimento e hospedagem de sites

LOJAS VIRTUAIS

www.joox.me/ – loja virtual de cartões de visita personalizados
http://chinabuzz.com.br/ – loja virtual de acessórios
http://riosgames.com.br/ – loja virtual de games
http://piratasart.com/ – loja virtual de moda alternativa masculina e feminina
http://googooshop.lojaintegrada.com.br/ – loja virtual de produtos eróticos
http://goskatestore.com.br/ – loja virtual de skate
http://nowear.com.br/ – loja virtual de camisetas e moletons
https://www.safiri.com.br/ – loja virtual de informática
https://lojaoautocenter.com/ – loja virtual de peças automotivas
www.lojabit.com/ – loja virtual de importados
www.ergosp.com.br/ – loja virtual de móveis e acessórios ergonômicos
www.ultrafitness.com.br/ – loja virtual de suplementos alimentares
http://baradel.com.br/ – loja virtual de informática
www.duodrip.com/ – loja virtual de camisetas e moletons de games
www.pcfloripa.com.br/ – Loja Virtual de Informática
www.querovinho.com/ – Loja Virtual de Vinhos
www.terceiraidade.com/ – Lojas Virtuais de Produtos para Terceira Idade

SERVIÇOS FINANCEIROS

https://btcjam.com/ – Empréstimo de bitcoins
http://paguecombitcoin.com/ – Pagamento de Boletos e Recarga de Celular

POUSADAS E HOTÉIS

www.luzesdegeriba.com.br/ – Pousada – RJ
http://giramondohostel.com.br/ – Hostel em São Paulo / SP

SERVIÇOS DE MARKETING

www.facebook.com/digitalartmanhas
www.believemarketing.com.br/ – Agência de Marketing
www.55bits.com/ – Agência de Marketing Digital
www.produweb.com.br – Desenvolvimento Web e Marketing Digital
www.markbox.com.br/ – Criação e Hospedagem de Sites e Marketing Digital
http://negalize.it/ – Produtora Digital

ONGS E INSTITUTOS SOCIAIS

http://gestobom.com/ – Instituto Social
http://loja.defesa.org/ – ONG em Prol da Campanha do Armamento

NEGÓCIOS LOCAIS

SÃO PAULO

www.facebook.com/pages/SQUARE-Marcenaria-Design/676547092432076 – Marcenaria e Design / SP
www.facebook.com/qazgaleria – Loja de Presentes em São Paulo / SP
www.facebook.com/LuzCalcadosOficial – Loja de Calçados em São Paulo / SP
www.facebook.com/TopClassColchoes – Loja de Colchões em São Paulo / SP
www.renovapele.com.br/ – Clínica de Estética em Jundiaí / SP
www.purepilates.com.br/ – Studio de Pilates em São Paulo / SP
www.eletroponto.com.br/ – Loja de Materiais Elétricos em Bauru / SP
www.facebook.com/connectnetgraficaexpressGráfica em Campinas / SP
http://prevethome.com.br/ – Clínica Veterinária em São Paulo / SP
www.facebook.com/hefestoarte – Loja de Artesanatos

RIO GRANDE DO SUL

www.acupunturabruno.com.br/ – Acupunturista em Porto Alegre / RS
www.facebook.com/krassmanneribasadvogados – Escritório de Advocacia em São Borja e Santo Ângelo / RS
www.ineuro.med.br/ – Clínica de Neurologia em Gravataí / RS

PARANÁ

www.deroselondrina.com.br/ – Método DeRose em Londrina / PR

SANTA CATARINA

http://apto703.com.br/ – Apartamento para Locação em Balneário Camboriú / SC

GAMES

www.twitch.tv/ – Streaming de Games
https://bitquest.co/ – Servidor Público de Minecraft com Sistema de Pagamento

TURISMO E VIAGENS

www.okbrasiltur.com.br/ – Operadora de Turismo
www.mercadoviagens.com/ – Pacotes de Viagens

OUTROS SERVIÇOS

www.comediastandup.com/ – Ingressos de Comédias Stand-up
http://bitvagas.com/ – Vagas de Emprego para Usuários de bitcoin
www.cerejacrm.com.br/ – Sistema de Gerenciamento Empresarial CRM
www.humanize.arq.br/ – Ilustrações para Construção Civil
www.tecnisa.com.br/ – Construtora
www.mercadocripto.com.br/ – Site de Classificados em bitcoin
www.englishplatinum.tk/ – Aulas de Inglês Presenciais ou On-line
www.rockincomics.com.br/ – Ilustrador Freelancer
www.namorofake.com.br/ – Contrate um namorado(a) falso no Facebook

DESAFIOS

4

BITCOINS, BOLHA OU FUTURO DAS TRANSAÇÕES?

Conceito de moeda descentralizada atrai entusiastas, mas é preciso ter cautela

Em pouco tempo, o bitcoin tornou-se um fenômeno da internet e ganhou a adesão de usuários fora da comunidade hacker. Tão logo a moeda ganhou essa popularidade, demonstrando seu potencial para se tornar um sistema financeiro alternativo à economia formal, muita gente começou a comprar, aceitar a moeda como forma de pagamento ou a "minerar" bitcoins, dando início a toda uma cadeia econômica baseada na moeda. E tal crescimento fez surgir uma economia baseada no bitcoin, como casas de câmbio especializadas na compra e venda da moeda, fabricação de supercomputadores capazes de minerar com mais agilidade os pacotes de dados encriptografados e, também, canais de troca de informação que subsidiam os interessados em adentrar o mundo da criptomoeda.

E esse interesse pela moeda virtual deve-se a basicamente dois fatores: a busca por novas oportunidades de negócios, uma vez que muita gente espera lucrar com as novidades da internet, e o conceito de mercado livre de regulamentações dos Estados. Traduzindo: a possibilidade de transacionar pagando taxas e impostos menores, o que na economia formal que corrói o lucro dos empresários, e a capacidade de consumo das pessoas em geral.

Apesar de essa desregulação dar mais liberdade aos usuários da moeda quanto ao pagamento de tributos, ela traz consigo uma falta de garantias para quem utiliza o bitcoin como meio de pagamentos e trocas pela web. E essa é justamente uma das questões que ainda colocam o futuro da moeda como incerto.

Quando o bitcoin se popularizou, uma verdadeira legião de programadores e entusiastas do sistema econômico resolveu minerar blocos da moeda. Contudo, esse interesse crescente de pessoas em se tornarem usuárias do bitcoin fez com que a tarefa de mineração exigisse mais trabalho e equipamentos sofisticados para ser feita, tornando-a improvável até para quem possui um computador de última geração dentro de casa. Hoje, por exemplo, uma máquina criada especialmente para minerar bitcoins pode custar entre US$ 1,2 mil e US$ 30 mil, dependendo do processamento. Cabe lembrar que, quanto mais complexa vai ficando a mineração, maior deve ser a capacidade do computador para se extrair lotes da moeda.

Um exemplo é a empreitada feita pelo jornalista e empreendedor chinês Xiaogang Cao. Interessado em minerar bitcoins ininterruptamente, ele montou uma rede de computadores de alta capacidade (datacenters), capaz de ocupar um andar inteiro. A ideia, contudo, parece não ter sido muito inteligente. Afinal, alguns importantes desenvolvedores da comunidade bitcoin, como Mike Hearn, acreditam que a concentração da atividade de mineração pode impedir a expansão dos blocos da moeda, limitando a adesão de novos usuários da moeda por esse meio.

Nesse caso, a própria ação de Xiaogang Cao pode ter servido para tornar a moeda menos acessível a outras pessoas, concentrando-a nas mãos de um grupo cada vez mais seleto e prejudicando o conceito original do bitcoin.

Para resolver esse problema, Hearn defende a expansão dos limites de tamanho da moeda. Entretanto, por conta do desenvolvimento em código aberto, não há consenso na comunidade para que isso de fato aconteça. Sendo assim, sua previsão para o futuro da moeda é pessimista: "O bitcoin fracassou, seus fundamentos estão danificados e, seja qual for o cenário, a tendência em longo prazo será de queda", escreveu Hearn em seu blog.

Mesmo assim, o prognóstico pessimista traçado por Mike Hearn não é levado em consideração pela maioria das pessoas que trabalham com a moeda virtual, uma vez que o número de entusiastas do projeto bitcoin ainda é crescente em todo o mundo, e a confiança na criptomoeda dentro desse grupo parece ser grande o suficiente para manter o mercado em pé.

As redes econômicas do bitcoin

Shutterstock

Informação é a base para qualquer investidor, independentemente do sistema econômico em que ele atue. E com os usuários da criptomoeda não é diferente. Nas redes sociais e na internet de modo geral, já é possível encontrar inúmeras páginas em que membros da comunidade bitcoin trocam experiências e divulgam informações sobre como minerar, comprar, vender ou aceitar a moeda como meio de pagamento, ou, simplesmente, descobrir a cotação do bitcoin no dia.

No Facebook, por exemplo, a comunidade bitcoin Brasil serve como canal de troca de informações e experiências entre usuários da moeda, e já conta com mais de 24 mil membros. Entre as informações possíveis de se encontrar por lá, estão: a cotação do dia, dicas de sites confiáveis para se comprar as primeiras moedas e como começar a minerar.

Outro lugar para se buscar informações sobre a moeda são os sites especializados em notícias de tecnologia. O interesse crescente de pessoas querendo aderir à moeda tem levado inclusive ao surgimento de mídias especializadas em notícias sobre a moeda, como o bitcoin News, que produz uma cobertura diária sobre cotação e expectativa de analistas sobre as variações no preço do bitcoin, por exemplo.

Ouro virtual

O conceito por trás da emissão e circulação do bitcoin no mundo virtual, segundo programadores especializados na moeda, é baseado na forma como o ouro assume valor de mercado. E essa comparação se deve, em primeiro lugar, ao fato de ambos serem extremamente raros, o que supostamente previne que o mercado financeiro seja subitamente inundado de ouro, levando à lona, de uma hora para a outra, a cotação do metal.

É claro que a cotação do ouro oscila de acordo com os humores do mercado, mas, apesar da variação em seu preço, o produto sempre é vendido em uma elevada faixa de valor. Assim, o que mantém a cotação do ouro em alta é, em primeiro lugar, a sua escassez; e em seguida a procura por ele no mercado (demanda). A mesma coisa acontece com o bitcoin: a quantidade existente em circulação é rigorosamente controlada pelo sistema que gera o dinheiro virtual, para evitar que o mercado seja inundado por novas moedas, e, assim, sua cotação desabe.

A ideia copiada da circulação do ouro, portanto, seria a seguinte: a jazida, tanto do metal quanto da criptomoeda, não pode ser apenas grande o suficiente para manter um mercado, mas também ter um nível relativamente difícil de extração, porque, se essa fonte for quase inacessível e exigir grande esforço e custos para se extrair dela o bem precioso, o valor do metal continuaria alto, já não apenas por sua escassez, mas também pelo custo de sua extração. Dessa maneira, então, o que faz com que o ouro possa ser usado como moeda é a combinação de dois fatores: sua relativa escassez associada ao custo alto de mineração. O mesmo ocorre com o bitcoin: sua escassez é controlada pelo software instalado em todos os "nós" da rede, e esse sistema controla a cadência com que os lotes de bitcoins são colocados no mercado "minerados".

Shutterstock

Sistema que sustenta o valor do Bitcoin foi inspirado na dificuldade de mineração do ouro

Shutterstock

Assim, para que as moedas tenham valor, a forma de obtê-las deve não somente ter um nível de dificuldade relativamente alto, como também custar algum dinheiro a quem se dispõe a participar da atividade. E essa complexidade é criada pelo próprio processo de mineração das moedas.

E não é apenas o custo com hardware e software que deve ser levado em consideração na hora de decidir sobre tornar-se ou não o mais novo membro da comunidade de mineradores de bitcoin. Afinal, deixar o computador ligado o dia inteiro consome recursos, e outro componente importante do custo para se extrair bitcoin dos códigos é o gasto com energia elétrica. Embora naturalmente esse gasto possa variar dependendo do país ou da região mineradora em que se está instalado, se a cotação da moeda cair muito, por exemplo, o custo para obtê-la fica inviável. De acordo com pesquisadores do assunto, levando em consideração os custos de energia vigentes na Califórnia, se a cotação do bitcoin ficar abaixo de US$ 105, um minerador que trabalhasse a partir daquele Estado teria prejuízo, por exemplo.

Um mar de ouro

Nos quase oito bilhões de metros cúbicos de água do mar tem ouro. E muito! Estima-se que a cada metro, ao menos um quilograma do metal possa ser extraído, fazendo com que, ao menos em tese, seja possível acessar esse suprimento quase inesgotável do produto, o que seria capaz de abastecer por muito tempo o mercado e automaticamente levar ao chão a cotação do ouro. O problema é que o custo dessa extração é muito elevado em comparação com o valor de mercado do produto, e, assim, a extração acaba não compensando. Além disso, a exploração desse metal poderia trazer danos irreparáveis e em grande escala ao meio ambiente.

Como funciona a mineração

Pelo fato de não ser emitido por uma autoridade central, o bitcoin é obtido por um processo denominado "mineração". E, para esse procedimento, é necessário ter um computador poderoso, dotado do software adequado para extrair bitcoins e ligado em rede a um conjunto de outros computadores pertencentes a outros proprietários ou organizações que realizam essa atividade.

Essa rede opera no formato par-a-par, ou "peer-to-peer", cujos "nós" são formados por computadores de membros da comunidade bitcoin (usuários da moeda e instituições ou câmbios que a negociam no mundo virtual), que controlam de forma descentralizada todo o processo de criação de novos blocos e transações feitas por meio do dinheiro da internet, por meio do mesmo software usado para mineração.

Shutterstock

A mineração dos códigos é a forma como "nascem" os bitcoins

Shutterstock

Membros da comunidade bitcoin disponibilizam sua capacidade de processamento para ajudar no funcionamento do sistema

Quem são os mineradores da web

A "mineração" é a base do sistema bitcoin, tornando-se importante para a estratégia de crescimento da moeda, desenhada pelos primeiros programadores a dominarem seu código. O dinheiro criptografado começou com uma rede pequena de computadores que operava uma quantidade relativamente pequena de dinheiro disponível.

E, para ampliar o desenvolvimento da comunidade de usuários do bitcoin, esses programadores encorajavam mais pessoas a entrarem na rede com seus computadores, e, em troca, pagavam em bitcoins. Assim, à medida que mais moedas virtuais eram geradas e colocadas à disposição do sistema, essas ficavam em posse dos "mineradores", fazendo com que a rede fosse se expandindo.

Shutterstock

A tarefa proposta aos mineradores de bitcoin era a seguinte: de tempos em tempos, em intervalos controlados pelo software que administra o sistema (distribuído em todos os computadores da rede), é emitida uma sequência de bits gerada pelo algoritmo de criptografia contendo um determinado valor criptografado, conhecido como *hash*. E a dificuldade em encontrar o valor criptografado a partir desse código (quebrá-lo) é determinada pelo número de zeros contidos em seu início, e, portanto, pode ser ajustada. Desse modo, ao ser lançado um novo *hash*, todas as pessoas dedicadas à mineração se põem imediatamente a tentar decifrá-lo. E o primeiro a conseguir quebrar o código recebe como recompensa um determinado número de bitcoins. Tão logo algum usuário consiga fazer isso, é anunciado a toda a rede que aquele lote da criptomoeda pertence ao minerador que conseguiu desvendar o código. Assim que essa transação estiver registrada em toda a rede (o que costuma demorar, em média, dez minutos), já é possível fazer uso de seus bitcoins como moeda de troca.

Contudo, a estratégia de conseguir bitcoins por meio da mineração tende a render menos justamente devido ao crescimento da rede. Isso ocorre porque o objetivo dos primeiros programadores a trabalharem com o código da moeda era justamente o de que, com a ampliação de seu uso, o trabalho dos mineradores fosse cada vez menos vantajoso, fazendo o mercado parar de crescer. Dessa maneira, seria possível evitar que um crescimento indiscriminado do bitcoin levasse a uma desvalorização da moeda pelo excesso de oferta dela no mercado.

Portanto, a partir do fim da atividade de mineração (um processo natural a partir do desincentivo para essa prática), quem disponibiliza capacidade de seu equipamento para o sistema teria como motivação para continuar o trabalho a busca por uma remuneração a partir das taxas pagas por transação feita em bitcoin.

INVESTIMENTO OU PIRÂMIDE FINANCEIRA?

Assim como qualquer ramo de atividade, investir em bitcoin envolve riscos e exige profissionalismo, além de um mínimo de conhecimento sobre como funciona a moeda. Afinal, quando surgem as primeiras notícias de que uma pessoa está ganhando dinheiro fazendo algo, muitos entusiastas correm para copiá-lo, até que vire moda investir em determinada modalidade de negócio.

E esse mesmo movimento está acontecendo com o bitcoin. Após virar sensação na internet, a moeda despertou o interesse de inúmeros "investidores", e até mesmo de empresários que passaram a trabalhar com casas de câmbio especializadas na moeda, para oferecer o serviço de trocar a bitcoin por dinheiro corrente, ou vice-versa.

Soma-se a isso o fato de que as próprias características da moeda virtual possibilitaram a migração de uma série de fraudes que já existiam no mundo físico, para a internet. Um exemplo disso são as pirâmides financeiras, como o TelexFree, que lesou milhares de pessoas no Brasil.

Para não cair em armadilhas e fazer investimentos seguros, é preciso estar preparado para fugir das pegadinhas e saber diferenciar empresas honestas daquelas que podem dar algum problema, uma vez que, assim como os investidores, estelionatários adoram se apoiar nas novidades financeiras para aplicar seus golpes em pessoas que pensam em lucrar muito com pouco esforço.

Veja a seguir algumas dicas para começar a investir em bitcoins e se manter imune a qualquer emboscada.

1 FUJA DE PROMESSAS MIRABOLANTES!

Uma das principais armadilhas para quem deseja começar um investimento, independentemente da área, é a falsa promessa de altos retornos e curto prazo de tempo. No bitcoin, uma empresa de mineração séria jamais poderá oferecer mais de 5% de lucro em mineração. Segundo especialistas na moeda, isso ocorre porque essa atividade não é tão lucrativa quanto algumas pessoas costumam imaginar: existem muitos custos por trás da atividade, tais como energia, funcionários, servidores, entre outros. Mas, mesmo que a proposta pareça coerente, desconfie e siga os próximos passos para proteger ao máximo seu investimento.

2 FIQUE LONGE DO MARKETING MULTINÍVEL NO PROCESSO DE MINERAÇÃO

O nome pode até parecer bonito, mas, por trás do palavreado empolado pode existir uma verdadeira arapuca! Empresas como a Bitknock (site fora do ar!) deu calote em seus investidores cobrando uma taxa de adesão de US$ 100 para entrar na matriz multinível. Em primeiro lugar, não existe lógica alguma em cobrar uma taxa de adesão para alguém começar a minerar, uma vez que a atividade de mineração deveria ser, por si só, lucrativa. Além disso, empresas que trazem consigo o conceito de marketing multinível geralmente fazem parte de um investimento em pirâmide. Ou seja, os primeiros a entrar no negócio até conseguem algum lucro, mas os últimos podem perder tudo e acabam pagando o "lucro" dos pioneiros e, principalmente, dos criadores daquela pirâmide financeira.

Shutterstock

3 INFORME-SE SOBRE COMO É FEITO O DEPÓSITO DOS LUCROS

Se a empresa não depositar os lucros do investimento diretamente em sua carteira de mineração, desconfie! As empresas sérias de mineração geralmente pedem o endereço de sua carteira para depositar diretamente e diariamente a sua parte nos ganhos com a mineração. Já as empresas mal-intencionadas geralmente colocam empecilhos para que o investidor consiga retirar seu dinheiro, como acumular uma quantidade mínima de bitcoins para a retirada dos ganhos. Outro tipo de empresa a ser evitada é aquela que condiciona a transferência dos fundos do usuário para sua carteira manualmente.

4 A EMPRESA TEM MENOS DE 1 ANO DE FUNCIONAMENTO

Pouco tempo de atividade e lucros acima da média de mercado? Saia fora que pode ser golpe de pirâmide em bitcoin. E a lógica para isso é simples: quanto maior for a margem de lucro oferecida pela empresa aos seus investidores, menor será o tempo de vida que ela terá no mercado. De acordo com especialistas, se a empresa oferece uma margem de lucro alta, os golpistas terão que sumir rapidamente com o site e os vestígios do negócio, tão logo a base da pirâmide parar de crescer.

5 VERIFIQUE SE A EMPRESA USA PISCINAS DE MINERAÇÃO

Já sabemos que é preciso checar se a mineradora está há vários anos no mercado e se oferece margens de lucro razoáveis. Ainda assim, outras precauções podem ser tomadas para aumentar a confiabilidade do investimento. Uma delas é verificar a estrutura da empresa que lhe oferece a possibilidade de ganho. Quando é uma mineradora séria, ela é a própria piscina de mineração! Já as empresas golpistas costumam usar piscinas de mineração externas e de grande volume para disfarçar a pirâmide financeira. Para verificar essa condição, uma boa dica é você visitar os canais oficiais dessas empresas no Youtube. Lá será possível assistir a palestras dos seus fundadores e os vídeos das máquinas de mineração em funcionamento, nos quais será possível ver, por exemplo, um galpão repleto de máquinas funcionando, uma ao lado da outra, e ouvir o barulho ensurdecedor das ventoinhas resfriando os processadores. São essas máquinas que, na prática, produzem todo o bitcoin minerado ao redor do mundo.

6 BUSQUE AS CREDENCIAIS DA EMPRESA

Antes de fechar qualquer negócio, ainda mais um investimento, procure outras pessoas que já fizeram negócios com aquela empresa. Veja listas na internet que denunciam sites que aplicam golpes. Além de checar páginas de reclamações, vasculhe posts em grupos de redes sociais, e, se for o caso, procure informações da empresa junto a órgãos como a Junta Comercial.

As máquinas de fazer bitcoin

Reprodução

Sim, elas existem! E se você acha que seu computador é poderoso e que poderia usá-lo nas horas de folga para minerar bitcoins, simplesmente esqueça! As máquinas de minerar bitcoin superam e muito os PCs dos sonhos de qualquer gamer. Estamos falando dos supercomputadores, dotados de grande capacidade de processamento, que já são usados na atividade de mineração da moeda hacker. Elas são, hoje, uma evolução das turbinadas estações de trabalho de programadores, usadas nos primórdios da criptomoeda.

A evolução das máquinas de fazer bitcoin começou quando mineradores descobriram que era mais fácil realizar suas tarefas para obter a moeda usando certas placas de vídeo cujos coprocessadores gráficos podiam acelerar o processo. O primeiro passo da evolução dos computadores especializados em mineração veio com o uso de diversas dessas placas operando em conjunto em um mesmo computador. Porém, com a tarefa tornando-se cada vez mais complicada, recentemente, empresas como a Butterfly Labs começaram a lançar ASICS, ou seja, máquinas dedicadas a uma só tarefa: minerar bitcoin. E uma unidade de última geração dessas máquinas chega a ter um custo de US$ 22 mil. Resumindo: por mais poderosa que seja sua máquina, diante dos poderosos ASICS, ela não leva a menor chance.

Fuja delas!

Confira uma lista com dez empresas pouco confiáveis para se negociar bitcoin, de acordo com o site badbitcoin.org:

Btc100.ml
Btc100x.com
Btc10days.com
Btc18.site
Btc21.net, Btc25.net
Btc24hour.do.am
Btc2btc.tk
Btc2double.com
Btc2me.com
Btc2pay.net

Shutterstock

O POTENCIAL POLÍTICO

O Bitcoin é considerado uma moeda com forte potencial para financiar causas políticas

Shutterstock

5 DINHEIRO SEM ESTADO

Junto com os dados liberados pela primeira operação do sistema que gerencia o bitcoin, o "genesis block", Satoshi Nakamoto escreveu uma linha de texto com a seguinte mensagem: "The Times 03/Jan/2009: Chancellor on brink of second bailout for banks", que em português significa: chanceler à beira da segunda ajuda aos bancos. O texto era uma referência a notícias publicadas por um jornal inglês, dando conta de mais um político que se desdobrava para salvar bancos falidos na Europa.

Em outro trecho da mensagem, ele afirma que não seria possível resolver problemas políticos apenas com a criptografia, mas que, ainda assim, ela seria capaz de ajudar a ganhar uma grande batalha e expandir um novo terreno para a liberdade por vários anos. "Governos são bons em cortar as cabeças de redes centralmente controladas como o Napster, mas redes puramente P2P como Gnutella ou Tor parecem estar se mantendo bem", disse Nakamoto na programação do primeiro lote de 50 bitcoins, demonstrando o caráter político de seu projeto.

Desde que o programador divulgou seu projeto de moeda descentralizada e deu origem ao bitcoin, o conceito de moeda livre de controles formais do Estado era considerado revolucionário por ativistas políticos e hackers, pois aumentaria a liberdade dos usuários das moedas virtuais em relação ao que eles têm hoje no sistema financeiro convencional.

O objetivo dos programadores que ajudaram a desenvolver o código do bitcoin era criar uma moeda autorregulada por seus usuários e que isso a deixasse livre da interferência não apenas dos bancos, mas também dos governos, evitando o controle das transações e permitindo o financiamento de atividades que contrariam os interesses de elites econômicas e políticas.

Dessa maneira, na visão deles, bitcoin é um sistema econômico alternativo com base em um sistema de mineração informatizado, criptografia de chave pública e um arquivo gerido pelos próprios usuários para registrar todas as transações feitas por meio de moedas digitais. Seria, portanto, uma solução para o futuro do dinheiro digital.

Além disso, o sistema que permeia a moeda virtual é baseado em transferências de pessoa a pessoa; ou seja, sem o intermédio de bancos ou uma regulação central. Desse modo, os usuários podem pagar taxas menores e encontrar mais facilidade na abertura de contas.

Características como essas poderiam servir como uma proteção contra crises econômicas ou mesmo para reduzir as chances de que um governante confiscasse investimentos, como aconteceu no Brasil em março de 1990. Então, ao menos idealmente a hipótese de que isso possa acontecer com usuários de bitcoin seria remota, para não dizer nula. Fora isso, os defensores da moeda apontam outra vantagem para que as utiliza: os usuários de bitcoins teriam autonomia em relação às taxas praticadas pelos bancos e de impostos cobrados por governos pela circulação de bens e serviços.

A primeira experiência que se tem notícia do uso da criptomoeda como forma de evitar a apropriação de poupanças pelo Estado aconteceu no Chipre, em 2013, quando cidadãos daquele país passaram a utilizar da moeda como ferramenta para proteger seus investimentos da ameaça de confisco pelo governo local.

Isso aconteceria porque o conceito herdado da subcultura harcker e da criptografia, e que dão origem ao bitcoin, fazem da moeda virtual um sistema monetário sem Estado.

E sua a descentralização faria com que a moeda fosse desregulada e incontrolável do ponto de vista técnico, características que parecem despertar cada vez mais o interesse da comunidade de usuários dos bitcoins mundo afora.

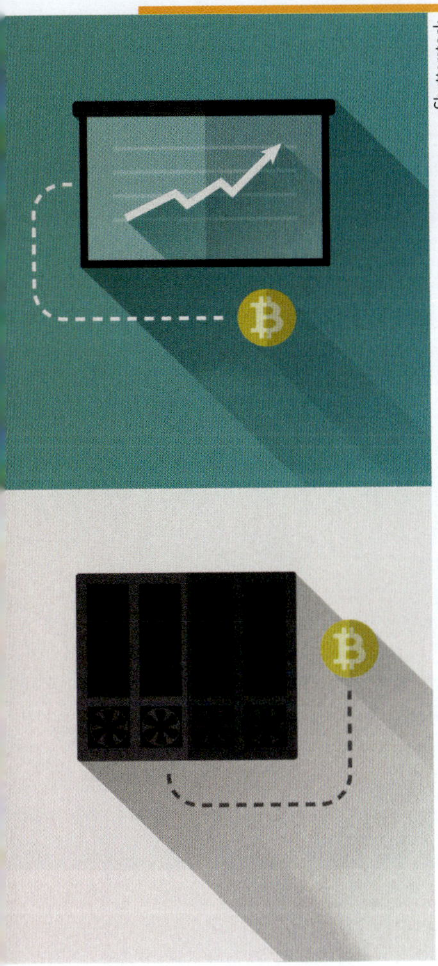

Shutterstock

O bitcoin é uma moeda descentralizada, e por isso não sofre a influência de governos e bancos

Dinheiro sem Estado

Por pressão do governo dos EUA, empresas que participam do sistema financeiro convencional, como o PayPal ou a MasterCard, aderiram ao boicote ao Wikileaks e, em 2011, deixaram de permitir que apoiadores do site de notícias fizessem doações por meio de sua plataforma.

Mas o surgimento de um sistema econômico alternativo permitiu uma nova forma de financiamento do projeto de jornalismo investigativo de Julian Assange, que vinha incomodando o governo dos Estados Unidos com a divulgação de documentos sigilosos que expunham irregularidades e violações de direitos humanos praticadas por aquele Estado.

Em junho de 2011, o Wikileaks passaria a receber doações de bitcoins, fato que divulgou ainda mais o conceito da moeda virtual como instrumento político e gerou o interesse de outros entusiastas da novidade, como o sueco Rick Falkvinge, criador do primeiro Partido Pirata.

Na opinião de Falkvinge, existem três conceitos no bitcoin que, vistos de forma conjunta, fazem do sistema algo revolucionário. O primeiro seria o valor da utilidade da moeda, que permite aos usuários transferirem o valor de um copo de café para qualquer lugar do planeta instantaneamente, com poucas taxas, e sem que uma autoridade fiscalize a transação. A segunda característica revolucionária do bitcoin seria seu valor comercial, uma vez que o pagamento por meio da moeda virtual permite que o setor de varejo se desvie dos cartões de crédito e das taxas bancárias, o que daria ao lojista a capacidade de aumentar suas margens de lucro. Já o terceiro ponto que Falkvinge enxerga como positivo no bitcoin é o valor político. Afinal, não há banco central ou alguém com autoridade para mandar na sua conta bancária e planos futuros, por exemplo. Assim, o dinheiro é sua propriedade e ninguém pode impedir que você faça o que bem entender com ele.

Além do fundador do Partido Pirata sueco, outros nomes famosos da internet e representantes de grupos anarquistas e libertários demonstram interesse na expansão da moeda virtual, como Richard Stallman, considerado inspirador do movimento do software livre, e o estudante Cody Wilson, desenvolvedor das armas impressas em 3D, em grande parte bancadas por bitcoins, além do "cypherpunk" Jacob Appelbaum, colaborador do Wikileaks e do Tor. Appelbaum, inclusive, já recebeu o apelido de o homem mais perigoso do ciberespaço. Esses e outros nomes participaram, em 2014, da UniSystem, conferência organizada na Áustria para debater justamente o desenvolvimento da comunidade bitcoin.

Contudo, a disseminação da moeda pelo mundo e o surgimento de pessoas interessadas em investir no bitcoin fazem com que os ideais desses primeiros apoiadores da criptomoeda inevitavelmente se choquem com os objetivos econômicos de novos membros da comunidade bitcoin.

Dessa forma, há entre os ativistas certo receio de que no futuro os usuários capitalistas da moeda trabalhem pela "domesticação" do projeto, fazendo com que esse atenda a seus propósitos financeiros, o que seria a ruína dos planos libertários dos fundadores do conceito.

Projetos financiados pelo bitcoin

Dentre os casos mais famosos de uso do bitcoin para financiar projetos de caráter político ou libertário, dois ganharam maior visibilidade: o desenvolvimento do navegador Tor (rede de anonimato), distribuído para GNU\Linux, Windows e Mac OS, que permite aos seus usuários navegarem pela internet profunda (deep web), e do Wikileaks, site que divulga informações e denúncias com base em documentos "secretos".

No primeiro caso, o software livre e de código aberto proporciona anonimato pessoal a quem o usa para navegar pela rede mundial de computadores, protegendo contra a censura e garantindo, principalmente, a privacidade pessoal.

O nome Tor é um acrônimo para The Onion Router, e o sistema por trás do software tem como objetivo principal dificultar a identificação do usuário que está acessando a web. Ele funciona por meio de uma rede de túneis http (com tls) sobrejacente à internet, na qual os roteadores da rede são computadores de usuários comuns rodando um programa e com acesso web (apenas). E justamente por conta das funcionalidades anonimizantes que o software tem, ele passou a ser usado para atividades políticas, o que levou a agência norte-americana NSA a atacá-lo, como denunciou Edward Snowden.

O segundo caso de grande relevância de uso de bitcoins para bancar um projeto que desagrada as elites é o site WikiLeaks. Ligado a uma organização transnacional sem fins lucrativos, o site publica, sob condição de anonimato, informações secretas de governos ou empresas, com o objetivo de tornar públicas eventuais violações de leis ou até mesmo de direitos humanos, entre outros assuntos sensíveis, praticados por essas entidades. Quase sempre esse material é vazado por funcionários ou políticos. Apesar do seu nome, o WikiLeaks não é exatamente uma wiki. Afinal, a página é administrada por The Sunshine Press e leitores comuns não podem editar o seu conteúdo.

Lançada em dezembro de 2006, a plataforma alcançou grande visibilidade em tempo recorde, e em menos de um ano já continha 1,2 milhão de documentos. Em 2011, o WikiLeaks foi indicado ao Prêmio Nobel da Paz. Seu principal editor e porta-voz é o jornalista e ciberativista australiano Julian Assange, que chegou a publicar livros como "Cypherpunks – Liberdade e o futuro da internet" (Boitempo Editorial, 2013), no qual acusa governos de usarem a internet com objetivos de manutenção do poder político e econômico das nações.

Financiado com bitcoin, o navegador Tor é considerado um dos projetos de maior sucesso

Shutterstock

Shutterstock

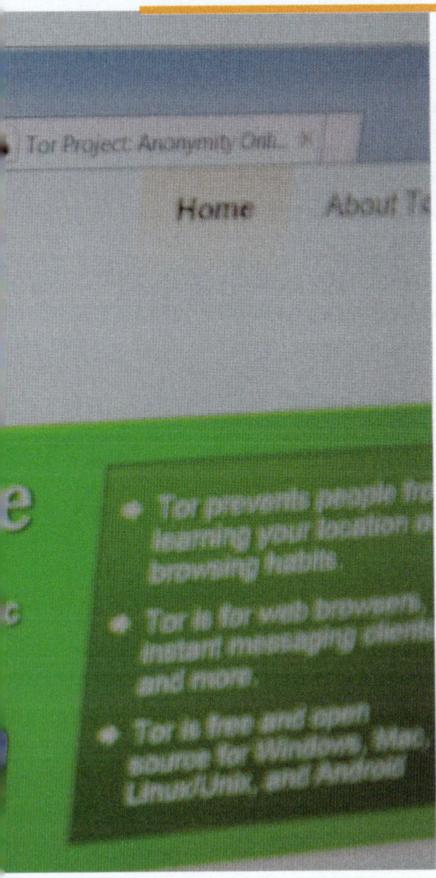

g0d4ather / Shutterstock, Inc.

As polêmicas do WikiLeaks

O surgimento de um site capaz de divulgar tudo aquilo que os governos não desejariam que seus cidadãos soubessem despertou desconfiança de inúmeros Estados. Ao longo de 2010, a WikiLeaks publicou grandes quantidades de documentos confidenciais sobre a ocupação norte-americana no Iraque e a guerra do Afeganistão, e foi a partir daí que a plataforma passou a ser vista, de fato, como uma ameaça aos interesses do governo dos Estados Unidos. Mas já em 2007, a página divulgou um vídeo que mostra o ataque de um helicóptero Apache estadunidense em Bagdá, matando pelo menos 12 pessoas, dentre as quais dois jornalistas da agência de notícias Reuters. Outro documento polêmico mostrado pelo WikiLeaks é a cópia de um manual de instruções para tratamento de prisioneiros na prisão militar controlada pelo governo norte-americano em Guantánamo (prisão norte-americana instalada na ilha de Cuba).

Além disso, a organização que administra o site promoveu a divulgação de uma grande quantidade de documentos secretos do exército dos Estados Unidos, reportando a morte de milhares de civis na guerra do Afeganistão em decorrência da ação de militares norte-americanos, e também uma série de telegramas secretos enviados pelas embaixadas dos Estados Unidos ao governo do país.

O site de divulgação de informações secretas Wikileaks incomodou potências internacionais, como o governo dos Estados Unidos

Gil C / Shutterstock, Inc.

A economia do anonimato

A economia do anonimato nascida com o bitcoin de fato tem potencial para ajudar ativistas políticos e programadores a financiarem suas causas praticamente livres de controles externos ou boicotes de elites políticas e econômicas. Contudo, a desregulamentação da moeda e a falta de um órgão central que administre as transações abre espaço para interessados em praticar negócios ilegais, como a venda de armas e drogas.

A possibilidade de movimentar dinheiro sem deixar rastro chama a atenção de ativistas, mas também pode servir a criminosos

O principal exemplo desse tipo de ação é o Silk Road, considerado o eBay do comércio de drogas e que aceita apenas BTC como meio de pagamento por seus produtos. Por meio de uma plataforma on-line, acessível através do navegador Tor, o site permite que usuários anônimos comprem e vendam substâncias que vão de remédios tarja preta a LSD. A estimativa é que o comércio de drogas ilegais por meio de mercados como o Silk Road movimente cerca de US$ 15 milhões por ano. De acordo com um estudo publicado em 2012 sobre a circulação dos bitcoins, ele é o destino de pelo menos 20% das moedas trocadas no Mt. Gox (maior casa câmbio da criptomoeda). O Silk Road foi fechado em 2013 e seu suposto criador, condenado à prisão perpétua. Porém, uma versão 2.0 do site voltou a operar na deep web.

O uso desvirtuado do bitcoin para o comércio de produtos ilegais pela internet é decorrente da lógica que permeia o sistema da moeda, no qual o usuário é identificado somente pela sua chave-pública. E, além disso, o protocolo da moeda permite que seus usuários gerem quantas chaves-públicas precisarem.

Ainda assim, se alguém quiser descobrir a identidade de um usuário do bitcoin, terá que associar tais chaves a seus usuários, e a única maneira de fazer isso seria usando informações externas à rede. A maneira mais fácil para conseguir essas informações talvez seja a captação em casas de câmbios especializadas na moeda, uma vez que elas pedem informações pessoais para o cadastro. Contudo, seria preciso ter acesso aos registros sigilosos dessas instituições, e, principalmente, sabem em qual delas a conta suspeita foi aberta.

Desse modo, apoiando-se nas dificuldades que a moeda impõe para rastrear seus usuários, o mercado de drogas ilegais provavelmente significa o maior destino dado às moedas ainda hoje.

Toda essa complexidade característica da criptografia do bitcoin, somada ao uso de softwares que permitem o anonimato na internet, torna mais difícil, mas não impossível, identificar quem compra e quem vende usando a criptomoeda. O que pesaria contra os criminosos que tentam se aproveitar da moeda virtual como forma de ocultar suas identidades ao comprarem e venderem produtos ilegais pela web é justamente o fato de todas as transações feitas em BTCs serem públicas. Ou seja, quando uma pessoa transfere uma quantidade de bitcoins para outra, toda a comunidade tem acesso às informações da operação realizada.

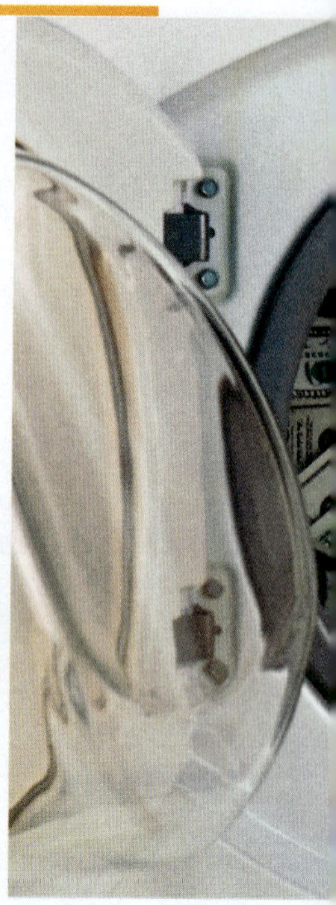

Lavagem de dinheiro

Além da venda de drogas e outros produtos ilegais usando o bitcoin, outro desafio à consolidação da moeda, e que precisa ser enfrentado por seus usuários, é a lavagem de dinheiro.

Uma das alegações dos críticos do sistema financeiro do BTC é que o protocolo semianônimo do dinheiro virtual facilitaria imensamente crimes como a evasão e a dissimulação de divisas. Casas de câmbio especializadas em moeda digital, como o Mt. Gox, que está sendo investigado e que já teve algumas de suas contas congeladas, estão na mira de alguns governos. E, nesse ponto, já existem debates nos Estados Unidos sobre alguma regulamentação das casas de câmbio que abrem contas por meio das quais as pessoas transacionam com bitcoin. Ainda assim, o sistema da moeda permanece intacto em relação à submissão a leis específicas.

Mas o interesse de Estados em restringir minimamente as transações feitas por meio dos bitcoins e outras moedas virtuais é evidente. E um exemplo disso é o fechamento do câmbio de moedas digitais e sistema alternativo de pagamentos Liberty Reserve, que supostamente teria movimentado mais de US$ 6 bilhões em 55 milhões de operações que serviram de hackers criminosos a sindicatos internacionais do crime, tráfico de drogas e armas, pornografia infantil e tráfico humano. E a preocupação tanto de autoridades internacionais, quanto de usuários da comunidade de bitcoin é que esse "público" migre para o BTC ou outras criptomoedas, o que despertaria ainda mais o interesse dos governos por controlar esse mercado, tirando-o de seus propósitos iniciais.

Ainda assim, entusiastas do sistema acreditam que ele próprio tenha capacidade para se autorregular, limitando as oportunidades para cri-

Anonimato é atrativo para criminosos lavarem dinheiro com a moeda virtual

minosos. Afinal, mover grandes quantidades de bitcoins para fora do sistema é algo bastante complexo, e cambiar BTCs por dinheiro ou comprar um bem muito caro faz com que a transação fique gravada. O mesmo ocorre quando alguém tenta fazer o inverso e trocar quantidades muito grandes de dinheiro por moedas digitais. Desse modo, acredita-se que, se o bitcoin permite uma lavagem de dinheiro mínima para o cidadão comum ou para o pequeno traficante que usa o Silk Road, grandes esquemas seriam quase certamente flagrados pelos próprios usuários e pela polícia.

É anônimo mesmo?

Anônimo, mas nem tanto. Em casos extremos, é possível descobrir a identidade dos usuários da moeda

Há inúmeros softwares e serviços que auxiliam quem busca comprar, vender ou simplesmente transferir dinheiro a outra pessoa pela internet sem ter sua identidade vinculada à transação. Um exemplo bem conhecido é o Blockchain, que oferece trocas com bitcoins "anonimizadas" cobrando uma taxa de 0,5%. Uma das vantagens para quem usa essa ferramenta é que ela deleta qualquer arquivo com a transação em até oito horas após a concretização da movimentação financeira.

Por meio de ferramentas como o Blockchain, uma vez que o dinheiro já foi transformado em bitcoin, é difícil ligá-lo ao seu dono, o que daria mais segurança a quem deseja cometer pequenos crimes e fraudes apoiando-se na moeda.

Mesmo assim, os simpatizantes da criptomoeda dizem que tudo se faz com ela pode ser feito com o dinheiro convencional. Além disso, alegam que o anonimato no sistema bitcoin é relativo, uma vez que inúmeros trabalhos acadêmicos que encontraram brechas possíveis para a identificação das partes da negociação com a moeda virtual.

E no tocante ao mercado de drogas pela internet, que seria facilitado pela moeda, como o Silk Road, os simpatizantes do bitcoin dizem que, apesar de crescente e recentemente avaliado em cerca de US$ 15 milhões em transações anuais, é ínfimo frente aos mais de US$ 400 bilhões anuais estimados para representar o tráfico de drogas global.

Além disso, os defensores da criptomoeda acreditam que embora seja difícil evitar que essa ou outra moeda seja usada para fins escusos, a própria busca do bitcoin por reconhecimento e adesão de novos usuários pode ameaçar a existência de "startups do crime".

E vale lembrar que nem tudo o que é feito sob a proteção do suposto anonimato da moeda fica impune, e há ao menos um caso de pessoa presa sob a acusação de comprar e vender drogas pelo Silk Road. O caso é do australiano chamado Paul Leslie, que pode enfrentar até cinco anos de cadeia após ser pego com quase 50 gramas de MDMA e 14,5 gramas de cocaína em sua casa, após ter cometido o erro de ter dado o próprio endereço para a entrega do produto.

De qualquer modo, a sensação de anonimato segue como um dos principais atrativos para que mais pessoas usem a plataforma.

IMPLICAÇÕES LEGAIS

6

BITCOIN PODE SER TRIBUTADO NO BRASIL

Órgãos estatais já buscam meios para tributar a moeda. O problema ainda é a falta de meios para fiscalizar as movimentações

Diversos países discutem propostas para regulamentar o uso de moedas digitais como o bitcoin. Mas, enquanto não se chega a um consenso sobre como esses meios de troca de valores devem ser tratados, algumas autoridades procuram garantir regras mínimas para evitar evasão de divisas e ocultação de crimes, facilitadas pelas criptomoedas.

No Brasil, as definições sobre como abordar legalmente essas moedas ainda parecem distantes de um consenso. Embora a legislação por aqui não reconheça o bitcoin como moeda ou meio de pagamento, a Receita Federal concluiu que é possível exigir que sejam declarados no Imposto de Renda e cobrar o tributo, nos casos em que o órgão acreditar que seja cabível, sem a necessidade de se alterar a legislação.

Isso ocorre porque a Receita tem considerado a divisa como um bem valioso, assim como uma obra de arte, e, portanto, quem a possui deve declará-la no Imposto de Renda. Nas palavras do fisco, essas moedas "se equiparam a ativos financeiros para fins tributários".

A mesma regra vale para produtos semelhantes, como Litecoin, Darkcoin, Ethereum, Dash, Dogecoin, Nxt, ripple e quaisquer outras moedas eletrônicas inspiradas no conceito bitcoin. Por isso, quem possuía o equivalente a R$ 1 mil ou mais em criptomoedas até o mês de dezembro deve, no momento de preencher a Declaração do Imposto de Renda de Pessoa Física (DIRPF) ou de Pessoa Jurídica (DIRPJ), informar a posse delas como "outros bens".

Em casos nos quais há ganho de capitais em transações superiores a R$ 35 mil é necessário recolher Imposto de Renda de 15% sobre o lucro da operação. Preste muita atenção no momento de declarar as informações, pois essa obrigação inclui negócios realizados nos últimos cinco anos. Nesses casos, o imposto deve ser pago com multa e juros.

A classificação da criptomoeda como algo equivalente a um ativo financeiro serve apenas para a declaração no Imposto de Renda. Desse modo, considerando outros aspectos da legislação brasileira, o bitcoin continua sem ser considerado como uma moeda, valor mobiliário ou mesmo ativo financeiro, segundo a Receita Federal.

A medida adotada pelo órgão brasileiro é inspirada em uma regra que tem sido aplicada desde 2014, nos Estados Unidos, quando o IRS (Receita Federal Americana) considerou o bitcoin como uma propriedade, e que prevê a taxação das criptomoedas em casos nos quais o governo acredite que seja cabível a cobrança de imposto.

Mas, uma questão ainda não solucionada pelo órgão brasileiro é como será fiscalizada a posse de criptomoedas e solucionados eventuais erros na declaração do IR de quem as possui. Um exemplo claro desse imbróglio é o fato de ainda não ser possível fixar uma regra para a conversão da moeda virtual para reais. Nesse caso, o contribuinte deve utilizar cotações de sites que prestam esse serviço como corretoras e casas de câmbio especializadas em dinheiro 2.0.

Com esse tratamento dado às moedas digitais pelo fisco, cria-se um problema: mais insegurança jurídica. Por um lado, ninguém garante que usuários de criptomoeda que deixarem de prestar informações sobre suas transações de fato sofrerão penalidades. Afinal, a complexidade da estrutura do bitcoin e divisas similares dificulta esse trabalho. Entretanto, por outro, deixar de declará-lo pode se tornar um risco. Afinal, apesar de a declaração no IR parecer voluntária devido à falta de controle do órgão, em algum momento os valores que são transacionados no mundo virtual deverão passar pelo sistema financeiro convencional e poderão ser rastreados pelo fisco por meio da compra de bens, pagamentos por serviços ou da troca por moeda corrente. E é nesse momento que as autoridades esperam pegar quem ocultou a posse do dinheiro virtual.

Por exemplo, quem transaciona a partir de uma corretora nacional é obrigado a informar seu CPF na hora de fazer o cadastro, e esse poderá em algum momento ser cruzado com outras informações, delatando a sonegação. Outro momento crítico para a tributação é a hora de transformar a criptomoeda em reais, ou vice-versa. Afinal, o órgão já havia tornado obrigatório que os bancos informem à Receita toda e qualquer movimentação financeira em valores acima de R$ 2 mil.

E mesmo quem decide prestar todas as informações sobre movimentações de valores com bitcoin e moedas similares precisa tomar mais cuidado na hora de preencher a declaração do IR para não cair na malha fina e ter que pagar mais imposto depois.

O que fundamenta a decisão do fisco

Apesar da falta de regulamentação, usuário pode ser tributado quando tiver lucro em operações com criptomoedas

Shutterstock

A medida tomada pelo órgão responsável pela tributação no Brasil levantou debates em fóruns de discussões jurídicas. No entendimento de advogados especializados em Direito Tributário, a legalidade da decisão da Receita Federal brasileira de cobrar Imposto de Renda sobre bitcoin está amparada no artigo 55, inciso IV do Regulamento do Imposto de Renda de 1999 (RIR/99). Ele dispõe que são tributáveis "os rendimentos recebidos na forma de bens ou direitos, avaliados em dinheiro, pelo valor que tiverem na data da percepção". Além disso, de acordo com especialistas em Direito Tributário, proventos de qualquer natureza são os acréscimos patrimoniais não compreendidos no conceito de renda.

Por se tratarem de bens aptos a incorporar acréscimo patrimonial ao seu proprietário, aplicam-se também as normas previstas no artigo 43 do Código Tributário Nacional, pois a movimentação em criptomoedas caracterizaria operações que consagram os elementos típicos do fato gerador do Imposto de Renda (IR), em razão da manifestação de riqueza. Assim, uma vez que o recebimento de bitcoin consiste em um acréscimo patrimonial daquele que recebe a moeda como pagamento, ela pode ser considerada um rendimento recebido em direito e que é avaliado em dinheiro, e, portanto, deve ser declarada no Imposto de Renda e sua tributação é possível.

O BITCOIN AOS OLHOS DA RECEITA FEDERAL

Desde 2014, contribuinte brasileiro precisa declarar a posse de bitcoin e recolher Imposto de Renda.

DECISÃO DA RECEITA

Na hora de preencher o IR, quem possuir valores superiores a R$ 1 mil em bitcoin deve declará-lo como "outros bens";

Nas transações de valores superiores a R$ 35 mil fica obrigatório o pagamento de Imposto de Renda;

Quando houver ganho de capital na transação será tributado em 15% e o pagamento do imposto deve acontecer no último dia útil do mês seguinte à transação;

O IR de negócios realizados nos últimos cinco anos deve ser pago ao fisco acrescido de multa e juros;

Não há regra de conversão da moeda virtual para reais, mas, para efeito de declaração à Receita Federal, será aceito o uso de cotações divulgadas publicamente por câmbios e corretoras especializadas na criptomoeda;

As demais moedas digitais semelhantes ao bitcoin ficam sujeitas às mesmas regras

O QUE É O BITCOIN PARA A RECEITA FEDERAL

Ativo financeiro
A moeda virtual equipara-se a um ativo financeiro para fins tributários, assim como acontece com obras de arte. Por isso, no entendimento da Receita, aplicam-se as regras do Imposto de Renda;

Meio de Pagamento
Como forma de pagamento a criptomoeda ainda é pouco relevante. Assim, por enquanto, não se aplicam as regras do Banco Central para essas transações;

Moeda
De acordo com a legislação brasileira uma moeda seria um monopólio do Estado, e, por isso, o bitcoin não tem as características necessárias para ser considerada como tal. Dessa maneira, entende-se que ela nunca será uma concorrente do real.

Afinal, como o governo enxerga o bitcoin?

O malabarismo jurídico feito pela Receita Federal para começar a taxar e fiscalizar o uso das criptomoedas dá mostras de que as movimentações financeiras feitas a partir delas, aqui no Brasil, já são bastante relevantes. Entretanto, essa decisão do fisco é apenas parte de uma complexa discussão sobre a natureza da moeda e quais seriam as melhores formas de regulá-la.

Além disso, há sérias dificuldades por parte do órgão para garantir que a norma será efetivamente cumprida. Ou seja, que os usuários da criptomoeda informem voluntariamente quanto valem as suas moedas e paguem impostos sobre elas. Afinal, as principais características do bitcoin, tais como o relativo anonimato e a descentralização das informações, ajudam, ao menos no primeiro momento, aqueles que desejam ocultar os valores que mantêm investidos na moeda.

Por isso, na visão da Receita Federal e da maioria dos órgãos responsáveis pela economia do país, esses problemas somente seriam sanados com a criação de um marco legal que de fato abranja toda a complexidade que a tecnologia do bitcoin trouxe para o mercado financeiro. E a grande questão que se coloca hoje é que a natureza jurídica do bitcoin, ao contrário da econômica, se encaixa em várias possibilidades de enquadramento, dependendo do uso dado à moeda.

Em um cenário como esse, alternativas para o enquadramento da criptomoeda têm sido estudadas e debatidas tanto no setor público, como no privado. E, apesar de um entendimento definitivo sobre o tema parecer ainda muito distante, algumas conclusões já parecem bastante consolidadas.

Veja o que especialistas em legislação tributária, programadores da moeda e o próprio governo já falaram sobre o bitcoin e os limites jurídicos dessa tecnologia:

1. NÃO É MOEDA

Apesar de o termo "moeda virtual" ser muito usado para referir-se ao bitcoin, juridicamente ele não pode considerado moeda no sentido literal da palavra. Isso acontece porque, no Brasil e também no exterior, moedas só podem ser emitidas por autoridades competentes para isso. Ou seja: apenas os Bancos Centrais têm autorização para fazer isso. Não é esse o caso do bitcoin, que é minerado pela própria rede de usuários e desenvolvedores.

Hoje o bitcoin é considerado um bem equivalente a uma obra de arte, mas definição ainda é provisória

Dessa maneira, especialistas acreditam que ele pode ser mais facilmente considerado uma commodity, da mesma forma que o ouro ou a soja, uma vez que o "dinheiro virtual" tem valor monetário, cotação variável e pode ser utilizado como meio de troca, mas não é moeda. Mas, apesar de não ser considerado uma moeda por questões legais, na prática, o pagamento com bitcoin funciona de modo semelhante a utilizar cartões de crédito ou débito, com a diferença que você não tem as famosas taxas cobradas pelas empresas que prestam esses serviços. Por meio da criptomoeda, dependendo do número de confirmações que o lojista ou o usuário da moeda precisa, é possível fazer a transação com praticamente zero de custo.

2. DEVE SER DECLARADO NO IMPOSTO DE RENDA

Como vimos, o fato de o bitcoin não ser considerado dinheiro em nada impede que as autoridades exijam que as reservas em bitcoin sejam declaradas no IR das pessoas físicas ou registradas no balanço das pessoas jurídicas. E, apesar do vácuo jurídico que ainda existe em diversos países, inclusive no Brasil, o bitcoin pode se encaixar na classificação de "outros bens e direitos" da declaração das pessoas físicas. Da mesma forma, se houver uma diferença positiva entre o valor de compra e de venda do bitcoin, o chamado lucro, incide sobre tal resultado o imposto sobre ganho de capital, cuja alíquota é de 15% para pessoas físicas e pode chegar a até 34% para pessoas jurídicas.

3. PAGAMENTO EM BITCOIN NÃO CONSISTE EM RELAÇÃO DE COMPRA E VENDA

O Brasil estipula o curso forçado da moeda nacional, e, por conta da falta de regulamentação, do bitcoin, ao pagar por um bem ou serviço utilizando o dinheiro virtual, o que está acontecendo de fato é uma permuta ou uma doação em pagamento, e não uma relação de compra e venda. Por conta dessa situação, para serem válidos no país, os contratos realizados em bitcoin precisam expressar o valor dos bens em reais.

4. O BITCOIN NÃO PODE SER USADO PARA REMUNERAR FUNCIONÁRIOS

A legislação trabalhista brasileira impõe que o pagamento de remuneração seja feito exclusivamente em moeda corrente nacional. Ou seja, o real. Dessa forma, os bitcoins só poderiam ser utilizados para pagar benefícios sobre os lucros da empresa. E, para isso, seria necessário haver uma política interna da empresa que regulamente o pagamento desses valores em criptomoedas, assim como acontece com os planos de stock option.

5. COMO ACONTECE EM UMA TRANSAÇÃO

Um comerciante que aceite bitcoin em pagamento por seus produtos tem duas opções: ficar com a criptomoeda e esperar que ela se valorize antes de vendê-la, ou pode receber em reais, utilizando os serviços de algumas empresas do mercado que fazem uma conversão automática e transferem para a conta do comerciante o valor em dinheiro referente à quantidade de bitcoins que ele tinha para trocar. As transações, nesse caso, são muito parecidas com aquelas feitas com cartões de débito e crédito. No entanto, quando o empresário decide armazenar o bitcoin recebido como forma de investimento, ele necessariamente tem que pagar imposto sobre a valorização do ativo. Por exemplo, se ele recebeu R$ 1 mil em criptomoeda e, algum tempo depois, essas mesmas moedas digitais passam a valer R$ 1.500, ele seria tributado sobre o lucro de R$ 500, uma vez que os R$ 1 mil já tinham pagado imposto na compra e venda de produtos. Da mesma forma, se a cotação do bitcoin cair e ele tiver um prejuízo, será preciso considerá-la como uma perda não operacional provavelmente por conta da venda com prejuízo.

É bom lembrar que, apesar de a Receita Federal ter ainda poucos recursos para descobrir quem não declara suas criptomoedas, é bem provável que em algum momento isso seja feito. E aquele que for pego ocultando patrimônio do fisco com ajuda da tecnologia pode ser penalizado com multas caras, além do pagamento do imposto retroativo acrescido de juros.

6. SE PERDER, NÃO HÁ PARA QUEM RECLAMAR

Quem usa bitcoin deve tomar muito cuidado para não apagá-los, em casos nos quais o armazenamento é feito no disco rígido do computador, ou perder a senhas e códigos secretos que pro-

tegem sua carteira virtual. Afinal, quando adquirido, seja por compra, mineração, ou mesmo ganhando algumas moedas a partir de uma transação, ele fica armazenado no hardware do dispositivo do usuário ou em carteiras virtuais. E, para não dificultar a validação das transações pela rede, ainda não é possível fazer cópias de segurança das moedas digitais para outros computadores (da mesma forma que você não pode copiar seu dinheiro em diversos bancos).

Por esse motivo, é importante tomar alguns cuidados de segurança ao lidar com o bitcoin, uma vez que até os "bancos de bitcoin" já foram alvo de ataques de hackers. Uma medida que tem sido comumente tomada por usuários é armazená-los em carteiras físicas, como a Ledger Nano, como forma de se evitar fraudes. Mas, cabe lembrar: além de não existir meios para recuperar seus valores perdidos, também não há proteção de nenhum órgão estatal que possa exigir a restituição de suas moedas pela rede.

7. USAR BITCOIN NÃO TRANSGRIDE NENHUMA LEI, EMBORA NÃO SEJA REGULAMENTADO

No Brasil, temos o que chamamos de princípio da legalidade. Ou seja, podemos fazer tudo aquilo que a lei não proíbe. E, como não existe nenhuma lei que proíba transações em bitcoin no país, é possível usá-lo sem ter grandes problemas com a Justiça. Pelo contrário, existe um parecer do Banco Central dizendo que, por enquanto, a instituição não regulamentará a moeda nem para garantir regras claras para seu uso, e muito menos para eliminá-la. Então se não tem nada proibindo, é legal. Mas, claro, qualquer pessoa pode utilizar a criptomoeda desde que seu uso não esteja associado com crimes previstos na legislação local.

8. NÃO SÃO VALORES MOBILIÁRIOS

Segundo especialistas, para defender esse ponto de vista é necessário provar que o bitcoin não é título ou contrato de investimento coletivo, nem contrato derivativo, já que a Lei nº 6.385, de 1976, não inclui a criptomoeda no rol dos demais valores mobiliários. Por isso, a moeda digital é considerada uma espécie de ativo na forma de arquivos armazenados em ambiente virtual. Na visão jurídica, o bitcoin é tido como um bem móvel incorpóreo, similar a títulos de crédito eletrônicos. Mas, não pode também ser confundido com esse último ativo, porque a moeda 2.0 não se sujeita aos requisitos de criação ou às regras de circulação aplicáveis aos títulos de crédito eletrônico.

Na visão de especialistas, a criação e circulação de bitcoins é puramente fenômeno tecnológico, distante da normatividade estatal. É importante pontuar também que a criptomoeda não pode ser considerada como um título, e nem como contrato de qualquer espécie, seja de investimento coletivo ou derivativos, porque não representa qualquer direito ou promessa de pagamento, e nem qualquer manifestação ou acordo de vontades entre as partes.

O que ainda pode mudar

Não se sabe ao certo o que pode mudar nas regras, principalmente tributárias, caso a adoção do bitcoin como meio de pagamento ou alternativa de investimento de fato cresça. Mas alguns pontos já têm sido levantados por especialistas e até mesmo comentados pelos órgãos do governo brasileiro responsáveis pela tributação e fiscalização das movimentações de valores.
Veja quais são:

- Uma possibilidade apontada pelos especialistas seria aplicar as normas já existentes de meios de pagamento considerados relevantes para as autoridades, como cartões de crédito. Nesse caso, seria necessária uma autorização do BC para operar com bitcoins no Brasil. A vantagem seria a adoção de regras para proteger o dinheiro do cliente;

- Grupo de trabalho da Receita Federal avalia a necessidade de mudanças na legislação e nos mecanismos de controle para cobrar impostos de quem utiliza bitcoin. São considerados pelo órgão também o impacto da criptomoeda na economia;

- As autoridades brasileiras e internacionais acompanham com atenção a passagem desses recursos da internet para o mundo real, por meio de contas bancárias, cartões e compra de bens, por exemplo;

- Por enquanto, a proibição de negociação com essa modalidade de ativo está descartada.

COMO DECLARAR OS BITCOINS NO IR

A Receita Federal passou a disponibilizar um campo em seu formulário de declaração do Imposto de Renda no qual é possível declarar a posse das criptomoedas e eventuais lucros provenientes de transações com elas. E, se for o caso, pagar o valor do imposto equivalente. Mas, na hora de preencher a declaração do IR, preste muita atenção. Afinal, informar algum dado errado ou imitir valores pode dar muita dor de cabeça.

Veja algumas dicas sobre como devem ser declaradas as suas bitcoins:

Durante o preenchimento da ficha, o contribuinte precisa selecionar o código "Outros bens e direitos" e descrever a quantidade das diferentes moedas digitais que possua.

Em casos nos quais as vendas em um mês são maiores que R$ 35 mil, os ganhos de capital devem ser tributados em 15% e o pagamento do imposto deve ser feito até o último dia do mês seguinte ao da transação. Para a efetivação do recolhimento, o ideal é que seja usado o Programa de Apuração dos Ganhos de Capital (GCAP).

Cabe lembrar que outras operações com bitcoin podem ter efeitos tributários, tais como doações das criptomoedas (que seriam sujeitas ao ITCMD), intermediações de compra de venda (tributáveis pelo ISS), sendo necessária uma análise em cada caso concreto.

Como não existe uma cotação considerada oficial para o bitcoin e sua emissão não é controlada por nenhum órgão do governo, o fisco aceita o uso de cotações das corretoras que trabalham com a moeda para o cálculo dos ganhos.

Mesmo quem não obteve nenhum ganho de capital está obrigado a informar o saldo em bitcoin na declaração. Nesse caso, a informação deve ser colocada na ficha de Rendimentos Isentos e Não Tributáveis.

ALTERNATIVAS

7

O QUE O FUTURO RESERVA PARA O DINHEIRO VIRTUAL?

O bitcoin abriu uma janela para as moedas virtuais, mas será que o futuro do dinheiro está de fato interligado a elas?

Desde sua criação, o bitcoin alcançou grande visibilidade: chegou a programas de televisão e aos noticiários em todos os meios de comunicação. Mas o futuro dessa criptomoeda ainda é incerto. É possível que ela se popularize e torne-se um meio de pagamentos com potencial para se juntar às moedas mais utilizadas do mercado, como o dólar. Mas é razoável também acreditar que ela não chegue a lugar algum, deixando de ser utilizada em algum momento.

De qualquer modo, a experiência bem-sucedida do bitcoin, ao menos até agora, fez surgir inúmeras novas moedas digitais que seriam alternativas ao sistema criado por Satoshi Nakamoto. Por isso, algumas pessoas chegam a acreditar que, mesmo que o bitcoin não consiga atingir seu objetivo maior de tornar-se uma alternativa real ao sistema financeiro tradicional, esse papel poderá ser cumprido por uma de suas sucessoras.

Shutterstock

7 ALTERNATIVAS

Segundo levantamento do site coinmarketcap.com, desde a divulgação do artigo que deu início ao desenvolvimento da primeira criptomoeda, em 2009, mais de cem tipos diferentes de moedas digitais baseadas em criptografia já foram colocadas no mercado. E, juntas, somam elas somam por volta de US$ 10 bilhões em circulação. Mas, desse universo, apenas algumas poucas ganharam alguma de usuários, sendo que 90% desse valor estão concentrados no bitcoin e no ripple. Entre as outras moedas da internet estão nomes como quark, mastercoin, devcoin, entre outras.

Diante dessa enxurrada de novos sistemas inspirados no bitcoin, essas divisas receberam até um nome entre os internautas: criptomoedas 2.0. Fazem parte desse grupo sistemas desenvolvidos por câmbios especializados no dinheiro da internet, ou até mesmo por membros da comunidade bitcoin. E, claro, há também muitas iniciativas isoladas, desenvolvidas por pequenos grupos de programadores independentes e hackers.

Apesar de, até esse momento, nenhuma dela demonstrar ter alcançado a hegemonia nesse nicho de moedas digitais, cada uma tenta aplicar novos conceitos sobre o que parece ser a base fundamental de todas elas: o bitcoin. Assim, amparadas num sistema de mineração digital, buscam expandir, cada uma a seu modo, os caminhos para o futuro do dinheiro.

Entre as moedas 2.0 que mais se destacam está o litecoin (ou LTC). Uma das vantagens que ele oferece a seus usuários é que a sua contribuição pode ser minerada por computadores comuns. Uma vantagem enorme em relação ao bitcoin, que hoje tem sua mineração restrita a supermáquinas, inviáveis para a grande maioria dos interessados na moeda. Outro ponto forte do LTC é que o tempo para uma transação ser confirmada pela rede cai de dez minutos no bitcoin para dois e meio, em média, no litecoin.

Outra moeda que surgiu com contribuições importantes para o futuro do dinheiro digital é a chamada next (NXT). Ela permite que o usuário adicione novas funcionalidades aos protocolos. E, com isso, seria possível criar contratos pelo código da moeda. Dessa maneira, como a moeda funciona em uma plataforma de código aberto, permite que qualquer contrato seja criado, dependendo apenas da habilidade do programador. Eles podem servir para executar pagamentos de um serviço ou fazer operações parecidas com um débito automático, por exemplo, mas para a transferência de valores entre os usuários.

O dogecoin, cujo símbolo é um cachorrinho, também está entre as moedas criptografadas que demonstram maior potencial de adesão. Ela, assim como o Litecoin, nasceu do conceito que permeia a programação do bitcoin. Mas seu diferencial em relação ao sistema original é que ela avança na direção de atuar dentro das formalidades do Estado. Ou seja, a dogecoin é negociada numa casa de câmbio chamada Cryptsy, que é regulada pelo Departamento do Tesouro dos EUA.

Uma alternativa que apareceu fazendo bastante barulho no mercado de criptomoedas é o YoCoin, que tem como um de seus atrativos em relação ao bitcoin o fato de ela ser fácil de minerar. Essa característica está causando alvoroço entre diversos entusiastas da novidade, que enxergam grande potencial para adesão da

Shutterstock

moeda entre o público jovem, especialmente os *millenials* (nascidos entre 1980 e 2000).

E a grande diferença do YoCoin para as demais moedas alternativas é que ela funciona como uma moeda digital ponta a ponta e descentralizada, com base no algoritmo de mineração Scrypt.

Desse modo, qualquer pessoa com uma placa de vídeo razoável em seu computador pode, sem grande dificuldade, começar a minerar a YoCoin em casa. Outra comodidade oferecida por essa moeda é que ela tem carteiras disponíveis para os principais sistemas operacionais em uso no mercado doméstico hoje em dia: Linux, Mac OS X e Windows.

Por fim, os desenvolvedores garantem que quem está na expectativa de comprar YoCoin pode escolher entre várias corretoras, uma vez que ele é negociado ativamente câmbios como C-Cex, SafeCex, Alcurex, CoinExchange, Bloombit e outras. Características como essas, portanto, tornariam a obtenção do YoCoin muito mais acessível ao mercado do que o bitcoin. E tais atributos fariam dela uma moeda de internet superior, oferecendo uma rara oportunidade de ajudar a revolucionar o mundo empresarial e os sistemas de pagamento da atualidade. Ou seja, colocariam o YoCoin na vanguarda para popularizar as criptomoedas e torná-las acessíveis a qualquer pessoa. Porém, nada ainda garante que essa moeda ou qualquer outra vá se fortalecer a ponto de se tornar única ou hegemônica no mercado.

Dogecoin/ Crédito: Reprodução

Por enquanto, quem conseguiu algum espaço relevante foi o ripple, desenvolvido pela empresa OpenCoin, que foi fundada por pessoas que já tinham experiência no mercado de pagamentos on-line e bitcoins. Para o desenvolvimento, a OpenCoin trabalhou em parceria com o fundador do câmbio Mt.Gox, uma das principais casas especializadas na venda de bitcoins e na troca deles por dinheiro convencional.

O Riplle é uma moeda baseada em matemática. Assim como o bitcoin, também é um novo protocolo financeiro para a internet que tem potencial para baratear os custos nas transações dos bancos convencionais. Tais funcionalidades da nova moeda digital chamaram a atenção de investidores de peso, e até o Google tem uma participação na startup. A empresa norte-americana, que já administra o principal buscador da web e outros serviços populares na rede mundial de computadores, passou a investir no desenvolvimento da ripple.

Essa nova moeda utiliza a tecnologia blockchain para liquidar transações financeiras entre alguns dos maiores bancos do mundo. O projeto já arrecadou US$ 93 milhões em financiamento total e tem parceiros estratégicos corporativos, que incluem GV, braço de risco do Google, Andressen Horowitz, IDG Capital Partners e AME Cloud Ventures, entre outros nomes de peso.

Mas engana-se quem acredita que esse sistema tenha atraído o interesse de grandes investidores por ser revolucionário, como o bitcoin. O verdadeiro foco da ripple é fornecer sua tecnologia aos bancos que procuram tornar os pagamentos transfronteiriços mais eficientes. Atualmente, a startup trabalha com ao menos 15 dos 50 maiores bancos do mundo, incluindo UBS e Santander.

O Riplle é uma moeda baseada em matemática. Assim como o bitcoin, também é um novo protocolo financeiro para a internet que tem potencial para baratear os custos nas transações dos bancos convencionais.

Uma amostra do serviço que ela pode oferecer a essas intituições financeiras é a redução de tempo e de custos com transações complexas, como as internacionais. Hoje, por exemplo, um pagamento feito para fora do país de origem da remessa de dinheiro por meio dos sistemas utilizados por um banco convencional pode levar alguns dias para ser feito e terá um custo muito alto. Já com a tecnologia do ripple, os bancos poderiam fazer o mesmo procedimetno com uma redução de 33% em seus custos operacionais. Além disso, o sistema ainda permite que os clientes façam movimentações complexas em poucos segundos.

Assim, com o ripple, as transações pouco rentáveis para qualquer banco, a exemplo daquelas realizadas por empresas como Facebook ou Google para remunerar parceiros, geralmente em volume alto e baixo valor, podem deixar de ser uma dor de cabeça e passar a ser mais lucrativas para as instituições financeiras. Elas geralmente demandam muito esforço para mover o dinheiro e a remuneração do banco não será tão elevada quanto para uma transação maior.

Shutterstock

O que a blockchain pode oferecer aos bancos

Instituições financeiras convencionais já demonstram interesse na tecnologia do dinheiro 2.0

A tecnologia por trás da blockchain do bitcoin, das demais moedas e também do ripple oferece um enorme potencial para o sistema financeiro. Por meio dela, é possível aumentar a velocidade, a transparência e a segurança em uma série de verticais que interessam diretamente aos bancos comerciais. Justamente por isso, especialistas no assunto acreditam que blockchain poderia ter um impacto significativo de corte de custos para essas intituições.

É o que diz, por exemplo, um relatório divulgado por analistas da Juniper Research. De acordo com o documento, essa tecnologia das moedas digitais pode ter impactos positivos em áreas como a liquidação de transações e a introdução de um sistema baseado em blocos, que poderia reduzir substancialmente tanto o risco de erro quanto o tempo necessário para a verificação deles. Para os bancos, essa tecnologia pode ser utilizada em áreas de remessas para bolsas de valores e outras aplicações.

Isso é possível porque a blockchain trabalha como um *ledger* enorme e descentralizado para o bitcoin. Nela, cada transação é registrada e armazenada em uma rede global. Dessa maneira, a informação não pode ser adulterada.

Para explicar o funcionamento do ripple e o quanto ele pode contribuir com o sistema financeiro formal, vale uma comparação entre seu funcionamento e o dos e-mails: afinal, são os protocolos de e-mail que permitem que dois usuários de provedores diferentes se comuniquem instantaneamente e de graça. É assim que uma pessoa usando uma conta do Gmail, por exemplo, consegue mandar mensagens para outra do Hotmail. A ideia dos criadores do ripple é que ele possa fazer isso entre moedas e bancos, simplificando as operações realizadas pelas instituições financeiras.

Por meio de uma "carteira ripple", é possível enviar dinheiro para qualquer outro país, como a Austrália, com taxas na faixa de 0,5%. E também é possível mandar ouro, milhas aéreas, bitcoins, café e qualquer outra coisa que tenha um valor acordado. É possível fazer pelo próprio banco, até mesmo sem saber que por trás da operação estará o protocolo, ou seja, não há um controle central.

Shutterstock

Inúmeras novas moedas foram criadas e inspiradas no código idealizado por Satoshi Nakamoto

Novas moedas investem em ganhar adeptos

Desenvolvedores tanto do ripple como do Yo-Coin parecem ter planos ambiciosos para seus sistemas de pagamento baseado no conceito bitcoin.

No caso da ripple, o executivo-chefe da empresa, Chris Larsen, disse que a companhia pretende investir os fundos recém-adquiridos em um programa de expansão global.

A ideia dele é abrir escritórios em cidades importantes do mundo e aumentar o time de desenvolvedores do sistema, contratanto engenheiros e executivos que possam firmar parcerias com bancos nessas localidades. Como o pontapé inicial desse plano, a empresa abriu recentemente um escritório em Luxemburgo e pensa em fincar bandeira também em Singapura e Frankfurt.

E o que motiva esse investimento em expasão é a possibilidade de lucrar com os micropagamentos que estão surgindo em função do número crescente de dispositivos conectados à internet, a chamada "internet das coisas".

Em entrevista recente a agências de notícias internacionais, Chris Larsen justificou seu objetivo de atuar com o ripple nesse campo de aparelhos conectados: "Com um dispositivo conectado, pode ser necessário enviar um centavo de um centavo, isso não pode acontecer hoje, mas estamos trabalhando para que isso aconteça. Ele abre um novo campo de serviços e receitas para os bancos", disse Larsen.

De fato, os avanços feitos pelos desenvolvedores das novas criptomoedas sobre o bitcoin parecem promissores não apenas para os entusiastas do dinheiro livre, mas também para o mercado formal, que precisa melhorar sua tecnologia para atender à demanda crescente por transações pela internet. Em um cenário como esse, protocolos como os do ripple

> *No caso da ripple, o executivo-chefe da empresa, Chris Larsen, disse que a companhia pretende investir os fundos recém-adquiridos em um programa de expansão global.*

ou do Next encontram ordens de compra e venda – como no sistema financeiro – e acham um caminho para mandar o dinheiro entre pessoas.

Um exemplo bem prático de o que se pode fazer por meio do sistema dessas duas moedas é usar ordens de venda de reais e compra de XRPs (moeda digital) no Brasil, e, depois, outras de venda de XRPs e compra de dólares na Austrália. Dessa maneira, o usuário eliminaria as casas de câmbio convencionais e as taxas praticadas por esses estabelecimentos. Essa possibilidade de triangular a compra e venda de moedas convencionais para envio de dólares e euros para outros países é uma das principais heranças que o bitcoin deixou para essas novas moedas.

No YoCoin, os planos dos desenvolvedores não são menos ambiciosos: eles já têm, em pleno vapor, um mapa de implementação e desenvolvimento da moeda. Na lista de tarefas estão, por exemplo, o lançamento de uma carteira móvel para os usuários do Android, o que ampliará as possibilidades de uso da moeda por meio de smartphones. E possivelmente haverá a emissão de moedas físicas YOC.

Outra frente que vem sendo trabalhada para que o YoCoin torne-se uma realidade e supere o bitcoin é a abertura de locais onde ela possa ser utilizada. E é bem possível que essa criptomoeda chegue em breve a plataformas de cassino nos Estados Unidos. Além disso, há esforços para o credenciamento de inúmeros estabelecimentos de outros ramos de atividade.

Shutterstock

ripple desembarca no Brasil

À medida que mais brasileiros começam a olhar com atenção para o mercado de moedas digitais, empresários e entusiastas de futuros negócios digitais passam a observar novas oportunidades de mercado para desbravar. Um exemplo é o câmbio Rippex, especializado na moeda ripple.

Em funcionamento desde 2014, a loja virtual que comercializa a moeda vai permitir que os usuários triangulem moedas convencionais como euro e dólar, conseguindo, assim, taxas mais baratas na troca por essas moedas.

Para abrir uma conta, é necessário enviar à casa de câmbio uma cópia dos documentos de identificação RG e CPF do interessado em comprar a moeda. Além disso, será preciso preencher um comprovante de filiação. Essa seria uma maneira de os criadores do câmbio se prepararem para uma futura regulamentação da moeda, além de evitarem que criminosos utilizem a interface de sua empresa, e a moeda que ela comercializa, para financiarem negócios ilegais.

{ *ripple é a moeda digital que desperta maior atenção dos entusiastas e já recebeu investimento até do Google* }

9 COISAS
QUE VOCÊ PRECISA SABER SOBRE O RIPPLE

Shutterstock

1. O QUE É RIPPLE?

A palavra ripple significa ondulação e dá nome a uma moeda digital (XRP), bem como a e uma rede aberta de pagamentos, dentro da qual essa moeda é transferida. Constitui, assim, um sistema de pagamentos de código aberto. Apesar de ter uma origem um pouco diferente do bitcoin e de seus criadores demonstrarem propósitos comerciais – o ripple é uma empresa que conta com grandes investidores –, o site da startup declara que a moeda tem como objetivo permitir que as pessoas se libertem dos "jardins murados" das redes financeiras: cartões de crédito, bancos, PayPal e outras instituições que restringem o acesso a seus sistemas com a cobrança de taxas.

2. O QUE RIPPLE FAZ?

De acordo com um post de blog da empresa criadora e detentora dos direitos sobre a nova moeda, a OpenCoin, intitulado "ripple e o Propósito do Dinheiro", a criptomoeda surgiu a partir da necessidade de se manter o dinheiro fluindo livremente. O texto também critica os serviços prestados atualmente por bancos e outras instituições que impedem uma transferência de fundos com a cobrança de taxas por transação, além dos atrasos de processamento nessas instituições. Dessa maneira, a empresa declara que o objetivo do ripple é construir uma abordagem de moeda digital, descentralizada, como o bitcoin.

3. COMO A FUNÇÃO RIPPLE FUNCIONARIA COMO A INTERNET?

De acordo com o principal criptógrafo do ripple, David Schwartz, a moeda é projetada para conectar diferentes sistemas de pagamento juntos. E, para definir o conceito, ele usa duas analogias: uma com o e-mail no início dos anos 80, quando cada provedor construiu seu próprio sistema, e, se as pessoas usassem serviços diferentes, eles não poderiam interagir facilmente uns com os outros. O segundo é relacionado à circulação de informações. Segundo ele, a tendência é que as grandes empresas do mercado financeiro percam seu controle sobre o fluxo de dinheiro de outras pessoas, assim como as de mídia perderam o controle sobre o fluxo de informações.

Shutterstock

4. QUEM ESTÁ POR TRÁS DO RIPPLE?

O grupo que criou o conceito ripple é bastante experiente no mercado de internet e criptomoedas. A empresa OpenCoin, que desenvolveu o protocolo da moeda digital ripple, foi co-fundada por Chris Larsen e Jed McCaleb, que atualmente são CEO e CTO da companhia. O primeiro tem histórico no mercado financeiro virtual. Antes da OpenCoin, ele co-fundou e liderou a empresa financeira on-line E-LOAN. Já McCaleb vem do mercado de moedas digitais, com atuação pelo câmbio Mt.Gox, atualmente um dos maiores a lidar com os negócios mundiais de bitcoin. Além deles, outros desenvolvedores na equipe de ripple também têm um fundo bitcoin. Com esse time, a empresa conseguiu aporte financeiro de grandes investidores internacionais, como: Andreessen Horowitz, Angel IV FF, Lightspeed Venture Partners, Vast Ventures e Fundo bitcoin Opportunity.

Cabe destacar que a empresa OpenCoin não deve ser confundida com a OpenCoin.org, que está desenvolvendo uma versão open-source de um sistema de dinheiro eletrônico desenvolvido por David Chaum.

5. HÁ SEMELHANÇAS ENTRE RIPPLE E BITCOIN?

Do ponto de vista técnico, é possível dizer que sim. Como o bitcoin, a unidade XRP do ripple é uma espécie de moeda digital baseada em fórmulas matemáticas. Além disso, elas têm um número limitado de unidades que podem ser mineradas. As semelhanças não param por aí: ambas podem ser transferidas de um usuário a outro (peer-to-peer, ou P2P) sem a necessidade de qualquer intermediário. Por fim, as duas moedas fornecem segurança digital para se proteger contra a possibilidade de moedas falsas. Mas há também diferenças importantes. Enquanto no sistema bitcoin, os próprios usuários administram o sistema e seu criador é desconhecido, o ripple foi desenvolvido pela empresa OpenCoin, que demonstra ter propósitos comerciais para a moeda.

6. QUAIS AS VANTAGENS EM RELAÇÃO AO BITCOIN?

Um dos principais avanços do sistema ripple em relação a seu sucessor é a facilidade que essa moeda tem para se relacionar com outros modelos de dinheiro virtual baseados em criptografia. Além disso, o ripple promete realizar transações rápidas e com maior estabilidade. Porém, partes fundamentais do conceito por trás do bitcoin foram incorporadas ao ripple. Exemplo disso é a blockchain, que funciona como uma rede distribuída e que não depende de uma única empresa para gerenciar e proteger o banco de dados de transação. Resultado disso é que não há nenhuma espera em confirmações do bloco, a avaliação da transação pode atravessar a rede rapidamente.

7. QUANTOS RIPPLES HAVERÁ?

A empresa planeja criar 100 bilhões de ripples. Metade deles deve ser liberada para circulação, enquanto a empresa planeja reter a outra metade. No sistema bitcoin, o limite é de 21 milhões de unidades, estimadas para se esgotarem por volta do ano 2140, e essas moedas precisam ser mineradas para entrarem no sistema.

8. POR QUE RIPPLE É DESCRITO COMO "LIVRE (ISH)", E NÃO COMO GRATUITO?

Ao realizar uma transação com ripple, a empresa que administra a moeda cobra uma pequena porção de um ripple (equivalente a cerca de 1/1000 de um centavo) por cada transação. Esse valor é destruído em vez de retido. Segundo os desenvolvedores da moeda, essa dedução destina-se a salvaguardar contra o sistema sendo inundado por qualquer indivíduo que poderia tentar passar por milhões de transações ao mesmo tempo. No mais, o ripple não cobra taxas comuns por transação, da forma que o PayPal, os bancos e os cartões de crédito fazem.

9. QUANTO VALE UM RIPPLE?

De acordo com a bitcoin Charts, a ripple era negociada a US$ 0,006483, com uma valorização de 5%.

Shutterstock

Moedas virtuais populares na internet

RIPPLE: é a segunda maior moeda em valores, mas tem perfil comercial

LITECOIN: só perde em popularidade para o bitcoin

MASTERCOIN: vende a imagem de ser mais segura

DOGECOIN: nasceu baseada em um meme, mas se tornou popular

LEBOWSKI: há pouca informação sobre a moeda

AFINAL, O BITCOIN É SEGURO?

bitcoin aumenta a privacidade dos usuários, mas é sempre bom reforçar a segurança de suas movimentações na internet

Já entendemos que o bitcoin é um dinheiro 100% digital. E, como tal, a segurança de seu sistema está baseada nos conceitos da internet, como a criptografia de chave pública. Ou seja, em linhas gerais, a proteção do dinheiro de cada usuário da moeda é feita a partir de técnicas que transformam informação inteligível em um conjunto de códigos que um agente externo é incapaz de compreender.

A criptografia é um método de proteção à privacidade de dados que está cada vez mais presente em nosso dia a dia. Ela é comumente utilizada para proteger e-mails durante o login, senhas de bancos convencionais, principalmente em transações pela internet, e também conversas por meio de aplicativos como o Whatsapp. Sem a criptografia, um criminoso, por exemplo, simplesmente poderia interceptar a sua senha de e-mail no momento em que você acessa sua conta. Mas, caso a sua conta esteja criptografada, mesmo que ele intercepte seu acesso, se não tiver a chave correta, verá apenas uma lista desordenada e aparentemente confusa de caracteres que não leva a lugar nenhum. Simplificando um pouco: ele não conseguirá ler suas mensagens e elas continuarão privadas.

Vejamos, portanto, como funciona a criptografia que protege seus valores acumulados em bitcoin.

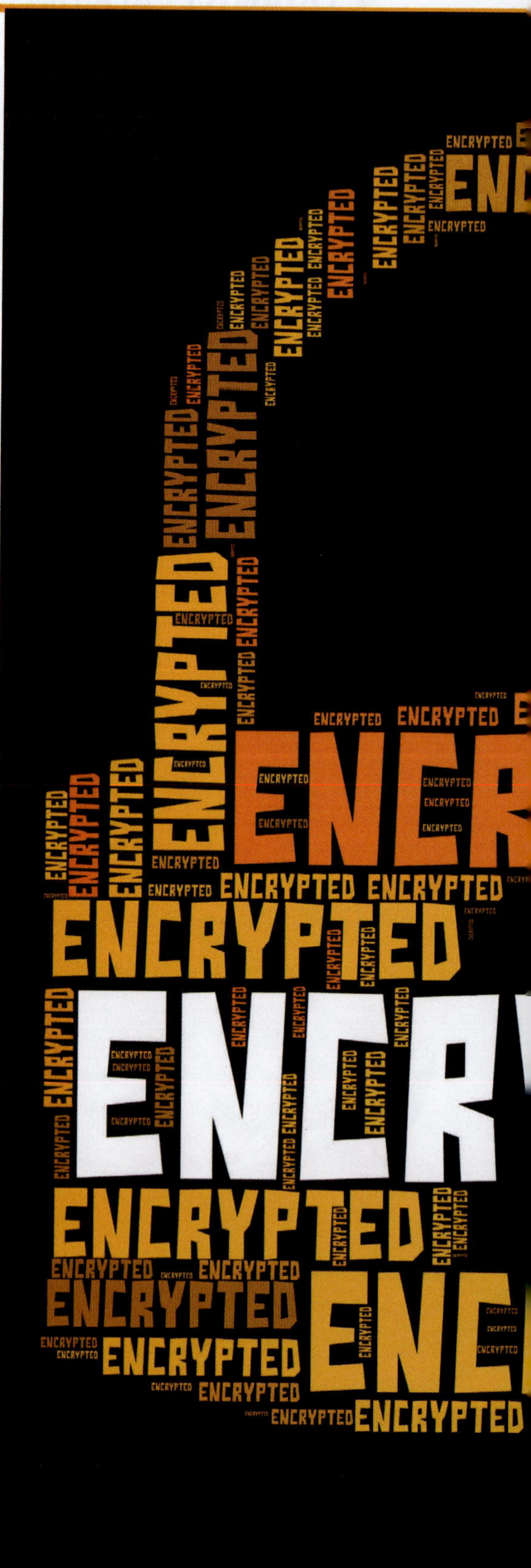

Shutterstock

O que é criptografia?

Criptografia é um conjunto de técnicas elaboradas com a finalidade específica de proteger uma informação, de modo que apenas emissor e receptor consigam compreendê-la. Funciona de maneira parecida com a codificação de mensagens que acontecia antes da internet, só que, agora, seu conteúdo não precisa ser escrito e lido em códigos. Receptor e emissor escrevem e leem o texto na língua em que ele foi produzido, porém, se alguém interceptar a mensagem no meio do caminho, essa pessoa só conseguirá ter acesso a um conjunto de códigos ilegíveis.

Entender como a criptografia funciona é uma tarefa relativamente simples: o emissor da mensagem utiliza algum tipo de protocolo que vai protegê-la, e então ela é transmitida até o destinatário, que possui uma chave capaz de "resolver" o problema da criptografia e acessar seu conteúdo. É uma lógica parecida com a "Cifra de César", usada pelo Império Romano.

Em termos mais práticos, imagine que você consiga acessar a caixa de correio eletrônico de uma pessoa, ou mesmo suas mensagens privadas trocadas por meio de um programa como Whatsapp ou Telegram, por exemplo. Só que, na hora de ler o conteúdo que foi trocado entre dois usuários do serviço, você simplesmente encontra inúmeros caracteres alfanuméricos que não fazem o menor sentido. Pois é justamente o que acontece com as informações contidas nos blocos de bitcoin transacionados pela rede, e isso é o que ajuda a manter praticamente anônima cada transação feita usando a moeda. Isso aumenta a segurança tanto das informações pessoais de quem utiliza a moeda, quanto a própria transação, uma vez que também evita fraudes.

Chaves e protocolos

As técnicas empregadas para codificar uma mensagem podem variar. Existem inúmeros protocolos de proteção utilizados na atualidade, e eles estão presentes em diversas atividades que realizamos ao longo do dia. Por exemplo, quando você digita nome de usuário e senha para acessar algum serviço da web, como visitar o site do seu banco ou então realizar uma compra em lojas virtuais, ou mesmo quando utiliza aplicativos de mensagens privadas pelo celular. Para essas ações simples do dia a dia, protocolos como 3DES, RC AES, TLS e SSL são alguns dos mais utilizados.

Shutterstock

Sem nos atermos a questões mais técnicas de cada um desses protocolos, basta saber que a base da criptografia moderna, inclusive daquela usada no bitcoin, são as chaves. Elas costumam ser usadas tanto para criptografar, quanto para descriptografar um conteúdo trocado entre pessoas ou máquinas. Em geral, elas são geradas por algoritmos que criam uma sequência de caracteres específica para cada processo. Essas chaves podem ter tamanhos distintos, e, quanto maiores, mais seguras elas se tornam. Elas podem também ser simétricas (quando a mesma chave privada é usada tanto na emissão, quanto na recepção) ou assimétricas (caso em que as chaves de criptografia e descriptografia são diferentes, sendo uma pública e a outra, privada).

A criptografia no tempo

Shutterstock

Dissimular o conteúdo das mensagens é uma artimanha antiga, e uma das mais conhecidas foi empregada por Júlio César

Técnicas de codificação de mensagens existem desde a Antiguidade, e o primeiro sistema de criptografia de que se tem notícia surgiu no Egito, cerca de 1900 anos antes de Cristo. Esse conceito, contudo, evoluiu ao longo do tempo, com a adoção de modelos mais ou menos elaborados para tentar garantir a privacidade das conversas entre emissores e receptores.

Um dos sistemas de criptografia mais conhecidos é a chamada "Cifra de César", usada por Júlio César para se comunicar com seus generais na época do Império Romano. Essa é uma das técnicas mais simples de criptografia e também foi chamada de cifra de troca, código de César ou troca de César.

Ela consiste basicamente em escrever frases com o alfabeto normal, mas usando sempre três letras adiante, para transmitir a mensagem original. Assim, se alguém desejasse decifrar a mensagem e entender seu significado, deveria substituir a quarta letra do alfabeto. Esse modelo foi utilizado por algum tempo, e sua efetividade é até hoje desconhecida, mas acredita-se que, para a época, era razoavelmente seguro, uma vez que a maioria dos inimigos de César era analfabeta. Com o surgimento dos meios digitais, como rádio, telefone e, posteriormente, a internet, os métodos de criptografia precisaram se tornar mais avançados a fim de serem mais eficazes.

Apesar de sua simplicidade, esse processo de codificação foi frequentemente incorporado como parte de técnicas de criptografia mais complexas, como a cifra de Vigenère, e ainda hoje continua tendo aplicações em sistemas modernos, como o ROT13.

Ao longo dos anos, o desenvolvimento de técnicas de criptografia teve um apelo maior para assuntos ligados à guerra. Mas há registros também de comerciantes e governantes que viram nas mensagens cifradas uma saída para evitar que pessoas não autorizadas descobrissem informações sobre suas estratégias, por exemplo.

Em todos os casos, a ideia básica da criptografia sempre foi a de que uma informação fosse cifrada por meio de alguma técnica, e que somente seria decifrada por pessoas autorizadas, evitando que o conteúdo da mensagem caísse nas mãos de pessoas indevidas no meio do caminho.

A criptografia do bitcoin

O sistema que permite o correto funcionamento do bitcoin consiste basicamente em uma rede descentralizada de comunicação com os nós sincronizados a todo o momento para armazenar milhares de cópias, sempre atualizadas, do histórico de transações realizadas entre quaisquer usuários que já tenham efetivamente utilizado uma aplicação de carteira ligada à rede.

É a partir da atualização permanente desse "balanço" por cada nó da rede que se pode saber, com confiança e sem intermediários, quantos bitcoins pertencem a cada usuário. É também esse sistema que garante a livre transferência dos valores por quem detém a chave privada correspondente a ela.

Cada transação pode ser compreendida como um pedaço de informação que é assinada pelo usuário, fazendo uso da chave privada correspondente a sua carteira, e que é enviada à rede. A partir de então, a movimentação pode ser validada e guardada na blockchain.

E como ela ajuda a evitar fraudes?

O desenho do sistema que administra o bitcoin foi concebido desde seus primórdios com base em um conjunto de regras pré-programadas, que tem por objetivo torná-lo à prova de violações. E um dos principais segredos da moeda virtual nesse quesito é a criptografia existente em cada transação que acontece com a moeda na rede, e que são adicionadas à blockchain (livroregistro). É por isso que muitos de seus usuários e especialistas no assunto a chamam de criptomoeda.

Dessa maneira, assim que um bloco de transações é verificado pelos nós da rede, os mineradores devem pegar todos os detalhes das transações contidas naquele conjunto de informações e aplicar nele uma fórmula matemática que transforma aqueles dados em uma sequência aleatória de letras e números, conhecidos como *hash*. Cada bloco da blockchain é um *hash* específico. O grande valor disso, segundo entusiastas do bitcoin, está no fato de que é bastante fácil transformar qualquer tipo de informação, como palavras, números, equações, detalhes de transações financeiras, etc., em um *hash*. Contudo, o caminho inverso (transformar o hash nas informações originais) é praticamente impossível de ser feito.

{ A lógica do bitcoin é baseada na criptografia para aumentar a segurança e a privacidade das transações. }

Além disso, uma importante característica dos hashes é o fato de ser possível mudar apenas um dos seus caracteres, e, assim, ele se transformará em um hash completamente diferente. Outra propriedade fundamental desse conceito é que o hash de um bloco sempre está atrelado àquele imediatamente anterior. Em outras palavras, o segundo bloco possui informações do primeiro, e o terceiro bloco possui informações do segundo. Então, quando foi criado o primeiro bloco de bitcoins, em janeiro de 2009, ele serviu de base para o segundo hash, e esse último, por sua vez, para o terceiro, e assim sucessivamente. Dessa maneira, se algum bloco anterior for alterado, os *hashes* resultantes dele estariam completamente errados, e a rede que administra o bitcoin poderia instantaneamente identificar como falsos ou desconsideráveis qualquer bloco alterado ou falsificado.

Essa detecção de fraudes seria possível com certa facilidade uma vez que parte do processo de mineração requer que os nós da rede rodem a função do *hash* em toda blockchain, e quem coloca um bloco novo deve “provar” para mais de 50% de todos os mineradores que o bloco anterior não foi simplesmente alterado.

Esse controle feito pelos próprios usuários faz com que a blockchain seja praticamente à prova de violações ou de qualquer espécie de ataque hacker. Essa criptografia que está enraizada no conceito do bitcoin evita que existam gastos duplos, aumentando a segurança para que cada bloco de informações distribuído na rede seja único.

Para gastar seus bitcoins, é necessário fazer uma assinatura digital para comunicar uma transação aos nós da rede. Essa operação é feita por meio de criptografia de chave privada, que está associada a uma chave pública correspondente, a partir da qual é calculado o endereço público da sua carteira. Esse processo torna simples as verificações em um sentido, mas extremamente difíceis no sentido inverso. Ou seja, é simples checar criptograficamente a integridade e a autenticidade de uma transação feita em bitcoin, mas extremamente difícil quebrá-la para burlar as regras do sistema, como gastar uma quantidade de bitcoins que o usuário não possui. É por isso, a criptografia é uma das grandes responsáveis pelo funcionamento adequado do bitcoin.

Portanto, quando João envia bitcoins à Maria como forma de pagamento, por exemplo, os mineradores que atuam na rede colocam essa transação no algoritmo do *hash*. E quando ela é adicionada à blockchain, a “posse” daquele bitcoin é transferida, e João jamais poderá gastar novamente aquelas moedas, porque mesmo que ele tente fazer uma transação fraudulenta dessa natureza, os mineradores distribuídos pelos nós da rede não irão aprovar a operação.

Códigos “embaralhados” impossibilitam que a mensagem seja interceptada por terceiros.

Shutterstock

As vantagens da criptografia para o bitcoin

Veja, a seguir, quais são os principais requisitos garantidos pelo sistema criptografado para fazer o bitcoin funcionar:

AUTENTICIDADE: no bitcoin, é possível verificar quais partes da rede estão se comunicando; ou seja, realizando uma movimentação com a moeda virtual, sem a necessidade de um agente intermediário que atribua segurança e validade ao processo. Essa checagem minuciosa pode ser feita pelos nós da rede, de forma automática, por meio de software que utiliza o rigor de uma função matemática.

PRIVACIDADE: de um ponto de vista mais geral, a adoção da criptografia garante que ninguém possa ler o conteúdo de uma mensagem, exceto seu destinatário. É isso que assegura, por exemplo, a possibilidade de um usuário enviar – e checar – senhas pela internet sem que os intermediários desse processo as descubram. No caso do bitcoin, isso implica dizer que, a partir do momento em que a transferência de uma dada quantidade de moedas virtuais, de um endereço público a outro, é comunicada à rede, somente o detentor da chave privada correspondente ao endereço de recebimento poderá mover os fundos ali depositados. Dessa maneira, os bitcoins correspondentes àquela transação só poderão ser gastos pelo detentor das chaves de destino original.

INTEGRIDADE: assim como o emissor de um bilhete ou mensagem virtual, quem transaciona com bitcoin deseja que sua mensagem, ou moedas, chegue inalterada a seu destino final. Isso quer dizer que, qualquer tentativa de burlar a mensagem enviada pelo remetente original poderá ser facilmente identificada e invalidada pela rede.

ENTENDA COMO FUNCIONA UMA TRANSAÇÃO EM BITCOIN

1

O primeiro passo de uma transação em bitcoin é a entrada, na qual o endereço público da carteira (onde os bitcoins estão armazenados) é conferido e debitado, a fim de compor o saldo total que o usuário deseja remeter ao endereço de carteira que receberá o pagamento.

2

Ainda não inventaram uma opção de transação a crédito por meio da criptomoeda. Então, para se fazer uma transação na moeda virtual é preciso que ao menos um dos pontos da transação tenha uma quantidade de bitcoins disponíveis para ser transferida de um ponto ao outro.

3

A última etapa de uma transação em bitcoin é a saída (output). Nessa fase, são checadas as condições necessárias para gastar os fundos listados no input, e, na maioria das transações, é necessário informar o endereço que poderá gastar os bitcoins que serão enviados.

PROTEJA SUA CARTEIRA

Apesar da segurança oferecida pela criptografia e pela checagem múltipla realizada em todos os nós da rede, quando você utiliza bitcoins ou qualquer outra moeda em transações on-line, precisa tomar cuidado. Afinal, da mesma maneira que ocorre na vida real, sua carteira de moedas digitais precisa ser protegida.

Se por um lado o bitcoin torna fácil a transferência de valores para qualquer lugar do mundo e permite você controlar seu dinheiro, por outro, essas funcionalidades podem gerar grandes preocupações de seus usuários com a segurança de seus valores investidos na moeda.

Shutterstock

No mundo real ou virtual, não dê bobeira com o seu dinheiro

Portanto, lembre-se: é responsabilidade do próprio usuário adotar boas práticas para proteger seu dinheiro.

Cuidado com serviços on-line

Muitas carteiras de troca e virtuais apresentaram falhas de segurança no passado, e é bem possível que a maioria dos serviços ainda não proporcione seguro e segurança como fazem os bancos tradicionais. Esses são requisitos importantes para que você tenha confiança para guardar suas moedas. Além disso, o uso da autenticação de dois fatores é muito recomendado para proteger seu investimento. Portanto, na hora de contratar um serviço desses, escolha com cautela.

Pequenas quantidades para uso diário

Lembre-se sempre: uma carteira de bitcoin é como uma carteira com dinheiro no mundo físico. Então, de maneira geral, é recomendado deixar apenas uma pequena quantidade de bitcoin em seu computador, celular ou servidor para uso diário. Todo o restante deve ser deixado em ambiente seguro. Ou seja, vinculado a uma empresa que administra carteiras de bitcoin.

Faça um backup de sua carteira, sempre!

Como acontece com qualquer dado ou informação relevante que você armazene em seus dispositivos, é altamente recomendado que você faça backups periódicos de sua carteira. Um backup completo pode lhe proteger contra falhas humanas e até mesmo do seu computador. Além disso, uma cópia também permitirá que seus bitcoins sejam recuperados caso seu celular ou computador seja roubado. Mas, lembre-se: além de ter um backup armazenado, é preciso que a carteira esteja encriptada.

Shutterstock

Mantenha seus backups on-line encriptados

Golpistas atuam tanto no mundo físico como no virtual, e você precisa se precaver da ação deles. Então, não se esqueça: todo backup armazenado on-line é vulnerável a roubo, pois computadores conectados à internet podem, com frequência, ser infectados por softwares maliciosos. Para aumentar sua segurança, procure criptografar os backups que estão expostos aos perigos da internet. E faça o mesmo com a sua carteira ou seu smartphone. Além disso, defina uma senha para que ninguém que não seja você consiga retirar seus fundos.

Atenção com a senha

Shutterstock

As dicas não diferem muito daquelas passadas por bancos, provedores de e-mail e outros serviços pela internet: senhas que contenham somente letras ou palavras de fácil dedução podem ser consideradas vulneráveis e fáceis de serem quebradas. O ideal é que seu código secreto contenha uma combinação de letras, números, sinais de pontuação, e, no mínimo, 16 caracteres. Evite colocar nomes de pessoas próximas ou números muito óbvios, como datas de aniversário, por exemplo. Se quiser ainda mais segurança, tente criar senhas geradas por programas designados especificamente para esse intuito. Além disso, fique atento para não se esquecer dela, nesse caso seu saldo poderá ser perdido permanentemente. Diferente do que acontece com os bancos convencionais, existe um limite para as opções de recuperação de senha com bitcoin.

Shutterstock

Mantenha seu software atualizado

Softwares desatualizados podem trazer prejuízos em qualquer atividade que se realize. E com o bitcoin não é diferente. Para evitar problemas, é recomendado que você utilize a versão mais recente do software da moeda digital, pois ele permite que seu computador receba sempre correções estáveis e seguras. Essas atualizações podem prevenir inúmeros problemas, além de sempre incluir novas funcionalidades e manter sua carteira segura. Instalar as atualizações para todos os outros softwares do seu computador ou dispositivo móvel também é importante para manter sua carteira em um ambiente seguro.

Proteja-se contra roubos usando multiassinaturas

Algumas carteiras web de bitcoin também fornecem serviços multiassinaturas. Eles são importantes porque permitem que o usuário mantenha o controle sobre seu dinheiro, e, ao mesmo tempo, se previna da possibilidade de um ladrão de roubar fundos utilizando algum software malicioso que ataque um único dispositivo ou servidor. Ao utilizar uma carteira bitcoin com característica multiassinatura, realizar uma transação requer aprovações múltiplas independentes para serem usadas.

Em poupanças, use wallet offline

Cold storage (armazenamento frio) é uma forma de armazenar uma carteira em local protegido que não está ligado à rede. Para especialistas, esse mecanismo provê o mais alto nível de segurança para a sua poupança. E, quando feito corretamente, pode oferecer uma boa proteção contra as vulnerabilidades presentes nos computadores. O ideal é usar uma carteira offline em conjunto com outros mecanismos de segurança, como backups e criptografia.

Guarde suas informações em lugares diferentes

Se todos os ovos estiverem no mesmo cesto, o risco de perder todos é maior. Por isso, é aconselhável que se guarde a senha em múltiplos pontos de segurança. Assim como na história do cesto de ovos, se o backup não está todo armazenado em um único local, é menos provável que qualquer imprevisto o impeça de recuperar sua carteira. Portanto, além de cópias on-line e em seu computador, é bom considerar ter uma cópia de suas informações em diferentes mídias, como pen drives, documentos e CDs.

Shutterstock

LIVRE, SIM. MAS ATÉ QUANDO?

A ascensão das criptomoedas chamou a atenção de órgãos reguladores. Mas e agora?

Shutterstock

Em sua "curta" existência até aqui, o dinheiro 2.0 demonstrou um potencial enorme para facilitar as transações pela internet. E, mais ainda, reduzir os custos de quem precisa comprar, vender ou simplesmente enviar dinheiro a um parente do outro lado do mundo.

Além disso, abre caminhos para que o usuário decida por si próprio como vai movimentar seu patrimônio e o que vai fazer com ele, uma vez que não tem nenhuma autoridade monetária impondo regras para o uso dos valores depositados numa carteira de bitcoin ou da maioria das moedas digitais que surgiram inspirados em seu conceito.

Mas, atenção, porque isso pode mudar! E há quem acredite que esse é o próximo capítulo da saga das moedas virtuais. Aliás, com a popularização da criptomoeda, já existem debates sobre a regulação das transações com bitcoin em diversos países, o que leva parte dos usuários de sistemas financeiros alternativos baseados em criptografia a temerem, pois ainda que não dependam necessariamente de governos para nascer, uma legislação contrária à moeda pode restringir seu uso em algum país, ou, em um caso extremo, banir a moeda. Outros entusiastas da novidade econômica acreditam que a criação de normas pode beneficiar o mercado baseado nas criptomoedas, pois traria mais segurança a quem resolve colocar parte de seu capital em uma conta de bitcoins.

Há, por fim, usuários mais apegados à ideologia da moeda sem Estado que acreditam que a regulação do bitcoin ou de qualquer moeda derivada ele acabará com a essência libertária do dinheiro que nasceu na internet justamente para se contrapor às normas e controles dos governos e dos Bancos Centrais.

Mesmo em meio à discordância sobre os benefícios que uma regulamentação das moedas 2.0 pode trazer, essa discussão tem ocorrido com bastante frequência nos Estados Unidos. E, provavelmente, o maior interesse dos norte-americanos por criar leis para "controlar" as transações em bitcoin deve-se ao fato de que por lá o dinheiro virtual pode ter uma finalidade de financiar organizações capazes de colocar a segurança do país em risco, e esse fato chamou a atenção de inúmeras instituições que temem ver as moedas 2.0 tendo utilidade nas mãos de terroristas, traficantes e sonegadores de impostos. Desse modo, por lá, algumas entidades têm proposto formas de controlar a moeda virtual.

O regulador bancário de Nova York, a Comissão de Futuros de Commodity, entre outros órgãos governamentais, tem estudado esse nicho de moedas eletrônicas para saber de que forma elas podem ser reguladas.

E até no Judiciário há um extenso debate sobre como interpretar a novidade econômica, uma vez que o recente aumento na adesão de pessoas as transações pela blockchain tem feito surgir casos em que os juízes devem deliberar sobre relações de troca com bitcoin e outras moedas semelhantes.

Nesse cenário, procuradores federais dos Estados Unidos alertaram que as moedas são vulneráveis para lavagem de dinheiro, e inclusive já acusaram operadores de diversas casas de câmbio de moedas digitais sobre seu suposto papel ao ajudar traficantes de drogas e outros criminosos a transferir dinheiro.

Contudo, a própria natureza das criptomoedas e toda a complexidade que envolve seu funcionamento dificultam que se chegue a uma definição sobre se ela deve ou não ser tratada como dinheiro convencional, meio de pagamento eletrônico ou apenas uma nova forma das pessoas fazerem trocas pela internet.

Dessa maneira, os juízes dos Tribunais de Justiça em inúmeros Estados norte-americanos deram indicativos sobre como enxergam essa novidade econômica ao analisar processos que chegaram às cortes estaduais.

{ *A própria natureza das criptomoedas e toda a complexidade que envolve seu funcionamento dificultam que se chegue a uma definição sobre se ela deve ou não ser tratada como dinheiro convencional.* }

Na Flórida, por exemplo, durante o julgamento de um processo sobre a prática de atividade financeira por pessoa não autorizada, a magistrada responsável pelo caso decidiu que o bitcoin não é de fato dinheiro. Na análise desse caso, a juíza observou as características técnicas do bitcoin, e afirmou que, apesar de ele apresentar atributos característicos das moedas tradicionais, sua essência o impede de ser definido juridicamente como uma, justamente pelo fato de ele não é emitido por um órgão oficial. Além disso, a criptomoeda não representa nada fora do mundo virtual, sendo assim, na visão da juíza não teriam qualquer lastro.

Em seu entendimento, ela ainda afirmou que, devido às características das transações feitas por meio das moedas digitais, não houve crime contra a ordem financeira. Afinal, como o vendedor de bitcoin não negociou nem moeda, nem dinheiro, seria impossível que tenha exercido atividade financeira. Desse modo, ele apenas alienou um ativo que lhe pertencia. Com base nessas alegações, a magistrada afastou as acusações e comparou a tentativa de encaixar a venda de bitcoins nas normas monetárias convencionais com a de "tentar encaixar um pino quadrado em um buraco redondo". Ou seja, não seria possível utilizar-se das normas vigentes para o dinheiro convencional para encaixar as moedas digitais.

Mas outras ações que envolvem a criptomoeda levaram os Tribunais a terem entendimentos distintos desse, e, em alguns casos, deram à moeda da internet status de dinheiro. É o que aconteceu em meados de 2016, ao fim de um processo criminal no qual um homem era acusado de subornar pessoas ligadas a instituições financeiras e outras empresas para que elas permitissem que os operadores do câmbio bitcoin Coin.mx ganhassem o controle de uma cooperativa de crédito.

Na ocasião, a defesa do acusado argumentou que a criptomoeda não se qualificaria como "fundos", e, portanto, não seriam proibidas operações de negócios para transmissão de dinheiro virtual sem licença. Contudo, a juíza Alison Nathan considerou que a moeda virtual se encaixava na definição de "dinheiro" e justificou sua interpretação dizendo que a moeda virtual funciona como recurso pecuniário usado como meio de troca e de pagamento. Dessa maneira, ela acatou as alegações dos promotores do caso, que consideraram o câmbio uma bolsa de bitcoins sem licença.

Para o Tesouro norte-americano, outra instituição daquele país que olha com lupa para a situação das criptomoedas, qualquer atividade financeira compreende transações em moeda, e o IRS (órgão semelhante à Receita Federal brasileira) considerou o bitcoin como uma propriedade. Ou seja, um ativo para fins tributários, mas não exatamente uma moeda.

Outra iniciativa mais concreta para se controlar, ao menos minimamente, as transações feitas em bitcoin aconteceu em março de 2013, quando o órgão por combater a lavagem de dinheiro nos Estados Unidos começou a exigir uma série de requerimentos de identificação para transações acima de US$ 10 mil dos câmbios especializados em moedas 2.0, como o Mt. Gox, uma bolsa com sede em Tóquio.

Outra medida tomada por esse órgão foi o início de investigações mais abrangentes sobre as companhias responsáveis por transações em bitcoin ou qualquer outra moeda semelhante, especialmente quando as movimentações são frequentes ou envolvem grandes valores. O tema é delicado e novos desdobramentos devem acontecer em relação a isso nos próximos meses, já que o governo norte-americano parece estar abrindo os olhos para os novos meios de lavar dinheiro na era digital.

{ Mas outras ações que envolvem a criptomoeda levaram os Tribunais a terem entendimentos distintos desse, e, em alguns casos, deram à moeda da internet status de dinheiro. }

Nesse sentido, algumas iniciativas já puderam ser sentidas. Uma delas é o congelamento de uma série de contas suspeitas de clientes do Mt. Gox, que está sendo investigado pelas autoridades norte-americanas. Em 2014 o câmbio entrou com pedido de falência depois de perder estimados 650 mil em bitcoins de seus clientes e 100 mil de suas próprias reservas, após um caso de ataque hacker, fato que levantou dúvidas sobre seu uso. A soma total, em dólares, dos bitcoins perdidos na época era de aproximadamente US$ 480 milhões, o equivalente a 7% das moedas virtuais disponíveis no mundo.

Por conta do ocorrido com a empresa, muitos de seus clientes abriram processo coletivo contra o Mt Gox e chegaram a um acordo no qual usuários dos serviços do câmbio nos Estados Unidos e no Canadá, que foram prejudicados pelo roubo das criptomoedas, vão dividir as 200 mil bitcoins detidas pela empresa e compartilhar uma participação de 16,5% do pagamento pela venda da empresa.

A medida tomada pela autoridade norte-americana foi o fechamento do câmbio especializado em moedas digitais e sistemas alternativos de pagamentos Liberty Reserve.

De acordo com as investigações pelos órgãos responsáveis nos Estados Unidos ele teria movimentado mais de US$ 6 bilhões em 55 milhões de operações que serviram hackers criminosos, sindicatos internacionais do crime, tráfico de drogas e armas, pornografia infantil e até quadrilhas que praticam tráfico humano. E com a possibilidade de que esse "público" passe a adotar cada vez mais o bitcoin ou outras criptomoedas para financiar suas atividades, a perspectiva é que as atenções dos governos em geral se voltem mais para o mercado de dinheiro digital, levando a novas e mais intensas tentativas de regulação.

Mas as discussões acerca de regular a moeda não se limitam à terra do tio Sam. Em meados de 2016, Gibraltar tomou uma das iniciativas pioneiras para regularizar o bitcoin na Europa. Por lá, a moeda virtual passou a ser considerada como "valores negociáveis" na bolsa (bitcoinETI). Mas a decisão só vale para as criptomoedas emitidas por empresa local.

Esses entendimentos são importantes, pois havendo um consenso ou algo próximo disso, seria possível a criação de um marco legal para o bitcoin e extensível a moedas semelhantes a ele. Além disso, se os Estados Unidos derem o primeiro passo no sentido de fazer leis para reger sobre as criptomoedas, é bem provável que ele inspire outros países do mundo, inclusive o Brasil.

Na China também há movimentos na direção de regulamentar o bitcoin. Inclusive Star Xu, presidente do segundo maior câmbio especializado na troca de moedas digitais, o OKCoin, disse recentemente à imprensa local que o conselho de administração de sua empresa está aberto a conversas com o governo e o Banco Central de seu país, para ajudar na criação de leis mais específicas e que possam acompanhar as atividades comerciais de empresas que atuam com bitcoin.

As conversas entre o Estado e os câmbios até agora foram incipientes e teóricas, segundo ele, e uma futura regulamentação viria apenas para aumentar a segurança das operações feitas com a moeda.

É possível acreditar que, em algum momento, legisladores e outras autoridades chegarão a termos que permitam formalizar e regular a criptomoeda e suas descendentes. As discussões na maioria dos países ainda parecem incipientes, mas tão logo essa tendência comece a impactar as economias ao redor do mundo, especialmente as mais importantes, é bem provável que esse processo regulatório seja acelerado.

Segurança ou controle?

O principal argumento de quem deseja criar um marco legal para as criptomoedas está relacionado ao aumento na segurança para quem deseja ter valores investidos nelas, e também o interesse dos governos em reduzir as possibilidades para que criminosos e sonegadores possam movimentar valores longe dos olhos dos órgãos fiscalizadores e da polícia.

No entanto, usuários mais ideológicos da moeda e parte da comunidade de desenvolvedores acredita que esses argumentos não passam de desculpas para permitir que os Estados possam ter ao menos algum controle sobre o dinheiro 2.0.

Quem quer regulamentar

Artigos de sites especializados e discussões na internet entre grupos de usuários da criptomoeda são apontados dois eixos onde se poderia haver uma regulamentação: a do protocolo em si e a regulação a ser exercida pelas autoridades dos países. Essa última aconteceria especialmente quando o bitcoin e outras moedas baseadas em seu conceito se relacionam com o sistema tradicional. Ou seja, durante a troca do dinheiro virtual e aqueles regulados pelas autoridades do mundo real.

Parte dos interessados em formalizar as criptomoedas e colocá-las sob a fiscalização dos Estados é o sistema financeiro convencional: bancos e entidades financeiras que aguardam ansiosos para poderem usar o conceito de blockchain para reduzir custos operacionais, e, quem sabe, até alcançar novos mercados.

Para esses agentes, a regulação por instituições tradicionais significaria fugir de incertezas jurídicas que impedem maiores investimentos para o desenvolvimento comercial dessa tecnologia. Mas, mesmo após a formalização de um marco legal para as moedas digitais, a aceitação do bitcoin como o conhecemos hoje nos postos de atendimento dos bancos tende a ser outro momento crítico. Afinal, essas entidades, hoje, fazem um movimento duplo: buscam se aproveitar do salto tecnológico dado a partir do conceito de criptomoeda na internet, mas também procuram proteger seus modelos tradicionais de negócios. Além disso, a aceitação de novas formas de transações demandaria volumosos investimentos em mudanças nos sistemas bancários.

Usuários temem que fiscalização vá além de garantir a segurança das criptomoedas

Shutterstock

Para eles, a autorregulação do sistema e o fato de toda transação ser pública, seriam suficientes para garantir a segurança dos usuários.

Afinal, alegam eles, o próprio sistema seria capaz de identificar fraudes –principalmente quando envolve grandes somas – e a fiscalização decorrente das múltiplas checagens pelos nós da rede também fariam com que fosse praticamente impossível lavar dinheiro pelo sistema bitcoin.

Um exemplo bastante citado sobre como funcionaria esse autocontrole é o seguinte: todas as transações feitas em bitcoin ficam registradas na Blockchain. Portanto, no caso de um desvio de bitcoins de uma ou milhares de carteiras seria possível rastrear onde foram parar os valores roubados e restituí-los a seus donos. Tudo isso sem a necessidade de identificar as pessoas roubadas.

E mesmo que o fraudador tente sacar os valores das criptomoedas, transformando-as em alguma moeda convencional, teria que abrir uma conta em um câmbio, e, nesse caso, fazer um cadastro. E, como essas empresas que fazem a ponte entre o usuário de bitcoin e o sistema financeiro convencional têm se esforçado para seguir as legislações dos países onde elas atuam, ao menos em tese, seria possível identificar e punir o criminoso.

O argumento é válido, mas seus defensores se esquecem de que ele funciona bem para os Estados Unidos e alguns outros países. Afinal, na realidade é preciso considerar que algumas nações têm leis mais frouxas e que facilitam a lavagem de dinheiro tradicional. Sendo assim, não é de se espantar que em um lugar com legislação fraca alguém consiga dissimular o que bitcoins roubadas ou mesmo dinheiro com origem ilegal.

Dessa maneira, uma das principais fragilidades geradas pela falta de regulação estatal é o fato de usuários não terem para quem reclamar em caso de transações de bitcoins malsucedidas, o que os deixaria mais suscetíveis a roubos. Foi o que aconteceu em abril de 2012, quando o site Betcoin perdeu 3.171 bitcoins (o equivalente a cerca de 450 mil dólares) ao sofrer uma invasão hacker.

Contudo, alguns estudiosos do assunto mostram-se céticos sobre a impossibilidade de alguém conseguir fraudar o sistema e roubar carteiras de bitcoin. Sarah Meikelejohn, graduanda da Universidade da Califórnia que é co-autora de um estudo sobre o assunto, afirma que lavar pequenas quantidades de bitcoins roubadas é até possível. Mas, ainda assim, ela acredita que não é viável para criminosos fazer isso com grandes somas da moeda virtual, ou mesmo para criminosos esconderem sua fortuna ilegal.

E no Brasil?

Assim como em outros lugares do mundo, no Brasil, existem alguns debates sobre a criação de regras que regulamentem movimentações de valores em criptomoedas. Contudo, até agora, o debate é pouco consistente e não é possível saber se as regras que se abateriam sobre o bitcoin e outras moedas digitais viriam do Banco Central ou do Poder Legislativo, onde já tramita o Projeto de Lei nº 2303/2015, tratando do tema.

A proposta feita pelo deputado federal Aureo Lidio (Solidariedade-RJ) está na Câmara dos Deputados e pretende submeter as moedas virtuais à supervisão do Banco Central. Se aprovado, ele dará ao Banco Central poderes para regular sobre as moedas virtuais e programas de milhagens, como os oferecidos por companhias aéreas. Con-

Herança em bitcoin

Segundo a lei brasileira, se uma pessoa morre e deixa um patrimônio: dinheiro em uma conta bancária, imóveis, automóveis ou qualquer outa coisa, esses bens são obrigatoriamente herdados pelos filhos ou cônjuge do falecido. Na ausência deles, a herança fica com os pais dessa pessoa. E, mesmo em uma situação na qual o dono do dinheiro tenha sérios conflitos familiares com seus sucessores, ele fica impedido de fazer um testamento deixando tudo o que tem ou mesmo de fazer uma doação a terceiros, inclusive se essa pessoa for da família, mas não for o próximo na linha sucessória. Em um caso como esse, seria possível deixar no máximo 50% dos bens a quem de fato a pessoa deseja que lhe suceda, e o restante deve obrigatoriamente ser herdado pelos sucessores "legítimos", pouco importando como eram as relações entre o dono do dinheiro e seus herdeiros.

Como no Brasil o bitcoin e as moedas dele derivadas não são consideradas moedas, é possível que o dinheiro investido em uma carteira fique com a pessoa de sua preferência, reduzindo as possibilidades de que isso seja contestado na Justiça. Além disso, a opção por essa forma de sucessão permite que se fuja da burocracia e dos impostos e taxas que pesam sobre a transmissão da herança. O processo é rápido e fácil: basta deixar a senha com o herdeiro escolhido e esse passaria a movimentar os fundos mantidos pelo dono original da carteira.

Como as criptomoedas são relativamente novas, ainda não há uma solução palpável para o problema. Ainda mais tendo em vista que herança é um assunto tabu e muita gente não sabe exatamente como resolver isso quando se trata de dinheiro ou bens convencionais, como imóveis e automóveis. Mas uma dica que tem sido amplamente compartilhada em fóruns de discussão sobre o tema na internet é anotar todas as informações relativas à carteira digital, como senhas e outros códigos que sejam necessários para acessá-la, e deixar tudo isso em posse ou em fácil condição de acesso ao futuro herdeiro. Isso possibilitaria que a pessoa pudesse retirar os fundos depositados na conta digital que o dono original dos bitcoins mantinha antes da morte.

O problema que ainda não tem uma resposta definitiva é o caso de ninguém ter as informações necessárias para acessar a carteira digital. Nesse caso, especula-se que todos os valores depositados na conta do falecido ficariam bloqueados e supostamente seriam perdidos até que essa questão possa ser tecnicamente solucionada.

tudo, ele ainda não prevê qualquer definição do que de fato é a moeda virtual. Essa questão, aliás, deve seguir aquilo que tem sido discutido em outros países, e espera-se que em algum momento, seja desenvolvida uma efetiva e unificada definição legal sobre as criptomoedas em geral, e isso provavelmente será seguido no Brasil.

Ao contrário do que acontece nos Estados Unidos, onde alguns entendimentos sobre o dinheiro da internet começam a ganhar forma, por aqui, o BC sequer definiu se elas serão de fato consideradas moedas.

E, para se ter uma ideia do imbróglio que permeia essa discussão, basta observar como são diferentes os entendimentos e as maneiras como o bitcoin é tratado por diferentes órgãos brasileiros. A Receita Federal segue uma linha próxima à adotada nos Estados Unidos pelo IRS. Ou seja, mesmo não considerando bitcoin como uma moeda, equiparou-o a um ativo financeiro para fins de Imposto de Renda. Por isso, ele precisa ser declarado no Imposto de renda, e a venda da criptomoeda em troca de recursos provenientes de atividade ilícita, por exemplo, ainda pode configurar o crime de lavagem de dinheiro.

Mas, outros órgãos que têm assento garantido no debate sobre a regulamentação das novas formas de se movimentar valores no mundo virtual

Na União Europeia, bitcoin fica livre de taxas

Em 2015, O Supremo Tribunal de Justiça da União Europeia isentou as criptomoedas do pagamento de taxas para realizar "trocas" com a moeda no continente, dando uma vantagem ao dinheiro 2.0.

A decisão derrubou o parecer da comissão de direito fiscal sueca sobre as criptomoedas e isentou as "trocas" com criptomoedas da cobrança de taxa IVA, uma espécie de imposto sobre o valor de vendas. Esse entendimento incentiva o uso das moedas digitais na Zona do Euro. Em comunicado, o órgão informou que a moeda está isenta da cobrança do imposto porque o negócio "envolve a troca de diferentes meios de pagamento".

Enquanto isso, o Banco Central Europeu e o governo do Reino Unido têm empreendido esforços no sentido de compreender a arquitetura desenvolvida para o sistema de registros descentralizados das moedas virtuais.

Hoje, a principal proposta da autoridade monetária da Europa é que os câmbios e operadoras financeiras, além de quaisquer outras empresas que possam atuar como intermediárias na troca dos bitcoins, sejam obrigadas a pedir uma licença de funcionamento às autoridades locais.

Para o órgão, um dos principais problemas associados ao bitcoin é o anonimato, que facilitaria evasão de divisas, sonegação e outros crimes. Para resolver esse problema, o BCE propõe que a União Nacional de Inteligência financeira seja capaz de associar endereços de transações feitas em moedas virtuais com a

Legislativo da UE se mantém cético quanto ao futuro das criptomoedas, mas Judiciário busca segurança jurídica para a moeda

identidade de quem está movimentando os valores. Outra proposta colocada pela instituição, e que supostamente seria aceita pelos usuários, é a possibilidade de permitir que as pessoas autodeclarem os bitcoins que têm às autoridades de forma voluntária.

Já o Banco de Portugal tem adotado, desde 2014, a postura de considerar esse tipo de moeda como um modelo de pagamento virtual bidirecional, no qual os usuários podem comprar e vender moeda virtual, além de trocá-la por bens e serviços fora da internet. Contudo, a entidade alerta que por não sofrer regulação de autoridades governamentais, seu uso não é considerado seguro.

têm posições diferentes da adotada pela Receita Federal. Um deles é o Conselho de Controle de Atividades Financeiras (COAF), órgão ligado ao Ministério da Fazenda para atuar na prevenção e combate à lavagem de dinheiro e ao financiamento do terrorismo.

O atual presidente do órgão, Antonio Gustavo Rodrigues, tem se mostrado contrário à regulamentação do mercado de meios de pagamentos virtuais, entre eles os "bitcoins".

De acordo com Rodrigues, a criação de um marco legal para as criptomoedas daria proteção do Estado a elas, o que, na opinião dele, poderia transmitir à população uma falsa sensação de que ele é um produto seguro, e o presidente do COAF acredita que isso não é real. "Quem entrar nesse mercado deve saber que está correndo riscos seríssimos, inclusive de o dinheiro sumir", afirmou Antonio Gustavo Rodrigues em audiência pública para debater "Modelos de Negócios de Moedas Virtuais".

Além disso, para ele, tendo em vista as características das moedas virtuais, seria possível afirmar que não são feitas para serem controladas pelo Estado. E seria justamente por isso que esse tipo de dinheiro atrai o interesse de criminosos, tornando-se uma operação arriscada para pessoas comuns. Por outro lado, enquanto não houver uma regulamentação dessa categoria de dinheiro, nenhuma autoridade poderá garantir que aquela moeda vai estar lá na hora o usuário precisar usá-la, como acontece com os bancos tradicionais.

Tendo em vista o cenário descrito, a recomendação do presidente do COAF é que se o sistema financeiro estiver disposto a fazer negócios com bitcoins, é preciso que as empresas que atuam nesse setor tomem precauções adicionais em relação a segurança de seus clientes, como, por exemplo, impor limites de transações.

Em relação à regulamentação, ele disse que se o Congresso achar necessário uma regulação, que se faça apenas sobre a interface entre o mercado virtual e o real, mas não sobre o bitcoin.

Nesse caso, apesar de as criptomoedas serem uma questão internacional, haveria instrumentos necessários para a autoridade monetária acompanhar e fiscalizar o "câmbio" entre moedas.

Como a Legislação brasileira enxerga o bitcoin

A Lei nº 7.492/1986, que dispõe sobre crimes contra o sistema financeiro praticados no Brasil, descreve que a atividade financeira envolve necessariamente moeda nacional ou estrangeira, ou valores mobiliários.

E uma das condições essenciais para um meio de pagamento ser considerado moeda é a emissão e regulação por órgão oficial, bem como o monopólio estatal disposto na Constituição Federal. Além disso, elas não possuem lastro. No caso do bitcoin, nenhum dos pré-requisitos é encontrado.

Já os valores mobiliários, segundo a Lei nº 6.385/1976, são documentos emitidos por empresas públicas ou privadas, que representam direitos aos seus titulares. Esses "papeis" podem ser comprados ou vendidos no mercado de valores. Enquadram-se nessa categoria as ações emitidas por empresas listadas em Bolsa de Valores, por exemplo.

Entretanto, as criptomoedas não se enquadram e nenhum desses parâmetros, e, portanto, segundo a lei vigente no Brasil, ainda não podem ser consideradas nem moedas e tão poucos valores mobiliários. Dessa maneira, a venda de bitcoins não seria considerada uma atividade financeira sujeita a regulação do Estado e não estaria sujeita aos mecanismos de controle pelo governo local.

No Brasil falta uma lei específica, mas as autoridades já se esforçam para criar um marco legal para o dinheiro da internet

Shutterstock

O FUTURO

10

O DESTINO DAS CRIPTOMOEDAS

O bitcoin surgiu como a promessa de ser o futuro dos meios e pagamento na era digital, mas ainda desperta desconfiança

Shutterstock

Quando Satoshi Nakamoto lançou na web, em 2008, os primeiros conceitos sobre o que seria uma moeda descentralizada, não regulada por governos ou bancos centrais e baseada em criptografia, poucas pessoas acreditavam que o projeto ganharia as proporções que tem hoje.

Em oito anos, o bitcoin alcançou mais de 50 mil usuários apenas no Brasil e superou a marca de R$ 5 milhões mensais em movimentação no país, além da atenção da mídia e de grandes empresas de tecnologia. No mundo, já são mais de 2 milhões de usuários da criptomoeda.

Apesar de ter se tornado um sucesso do mundo virtual e já ser possível comprar quase tudo com a criptomoeda, o alcance dela ainda é ínfimo se comparado ao dólar ou ao euro, por exemplo. Faltam lojas que a aceitem como meio de pagamento por produtos e serviços, e o custo de um BTC ainda é relativamente alto. Soma-se a isso o fato de que, para utilizar a moeda, é preciso ter algum conhecimento sobre internet e tecnologia. Mandar e receber moedas significa ter que lidar com conceitos um tanto complexos para quem tem pouco ou nenhum conhecimento sobre informática e tecnologia, como blockchain e public ledger.

Além disso, é preciso trabalhar com o conceito de chaves, pois elas são necessárias para cada transação. Imagine-se tendo que usar um código como esse para realizar um pagamento: 17EC-4TXZRzr4UbmrkMc7gUEuCtn73xhTeN. Por conta disso, em curto prazo, o uso do bitcoin ainda parece inviável para as pessoas comuns.

Ainda assim, entusiastas do conceito acreditam que a adesão à moeda e seu potencial transformador já foi o suficientemente grande para despertar o interesse de megainvestidores e até mesmo de bancos, em busca de novas tecnologias capazes de tornarem mais seguras, baratas e eficientes as transações feitas por meio de suas plataformas.

O futuro do bitcoin é ainda incerto, e seu amadurecimento para se tornar uma moeda viável para um grande número de pessoas ainda depende de um longo caminho. Hoje, a massificação do BTC esbarra em questões como a capacidade da criptomoeda de se manter em alta nos próximos anos, mesmo com a chegada de "concorrentes"; como o bitcoin sobreviveria a uma possível regulamentação por autoridades monetárias e o surgimento de novas plataformas que podem tornar a moeda digital de fácil uso para pessoas com pouco conhecimento em informática.

Se o bitcoin conseguirá se sobrepor a esses e outros obstáculos à sua consolidação, é uma incógnita. O fato é que a moeda ainda não está pronta para o uso no dia a dia, e especialistas no assunto se limitam a apontar algumas das possibilidades para o futuro da criptomoeda. A maioria delas está na linha da sucessão do BTC por novos projetos tecnicamente mais confiáveis de moedas descentralizadas e com alguma regulamentação. Dessa maneira, acreditam que o dinheiro do futuro pode se parecer, ao menos um pouco, com o modelo iniciado pelos desenvolvedores anônimos da internet com o bitcoin. Assim, no futuro da era digital, é bem possível que a organização econômica formal passe pelo desenvolvimento de pessoas que acreditaram e possibilitaram a existência da moeda hacker.

Portanto, seja o bitcoin o dinheiro do futuro ou apenas uma nova bolha especulativa, aos olhos dos entusiastas dessa moeda, uma coisa parece certa: a porta para o dinheiro 2.0 foi aberta, e por meio dela, o mundo enxergou uma forma mais flexível de fazer transações on-line. Sendo assim, ela não se fechará mais.

Com tantos holofotes voltados para as criptomoedas, inúmeros desenvolvedores têm procurado surfar a onda das moedas digitais, apoiando-se no conceito original do bitcoin para lançar criptomoedas com tecnologias promissoras. E todas, claro, interessadas em aproveitar o embalo para avançar rumo a uma provável nova ordem monetária.

O interesse tanto da comunidade da internet, quanto de grandes corporações leva especialistas em finanças digitais, especuladores e até gente graúda do mercado financeiro a acreditar que o bitcoin abriu uma janela para que as pessoas mudem a maneira como se relacionam com o dinheiro.

E, mais ainda: especulam que, mesmo que o projeto original com seu ideal libertário não vingue, a ideia central do bitcoin (um elegante preceito matemático que garante a segurança do sistema apoiado em nós distribuídos na rede) veio para ficar, e, possivelmente, uma moeda 2.0 baseada em seu conceito poderá assumir seu lugar e transformar-se em uma alternativa viável para ser massificada.

> *A porta para o dinheiro 2.0 foi aberta, e por meio dela, o mundo enxergou uma forma mais flexível de fazer transações on-line.*

É exatamente esse sistema complexo que tem feito com que empresas como o Google, que investe no ripple, e muitas outras companhias e investidores olhem com atenção para startups que desenvolvem projetos inspirados na programação do bitcoin.

Hoje, os principais casos de sucesso no uso dessa tecnologia estão relacionados à praticidade que ela dá a transações internacionais, seja ela de grandes quantias, ou, simplesmente, quando uma pessoa precisa enviar uma pequena soma de dinheiro a outro país para custear a viagem do filho ou fazer um pagamento a uma empresa estrangeira livrando-se das taxas envolvidas numa operação por meio do sistema formal. Mas acredita-se que o futuro das transações digitais por meio da blockchain esteja ligado à segurança e transparência com a qual será possível fazer micropagamentos em qualquer lugar do mundo, ou mesmo ajudando a reduzir custos dos bancos, o que abriria caminho para incluir um enorme contingente de pessoas que hoje estão desbancarizadas.

A fragmentação atrapalha?

A cada dia, novas moedas digitais surgem, a maioria delas inspirada pelo sucesso alcançado pelo bitcoin. Cada uma promete um diferencial em relação à primeira criptomoeda, e muitas são desenvolvidas por empresas com fins comerciais. Ou seja, distanciam-se e muito do conceito original, uma vez que seus modelos se mostram menos autônomos no sentido de um controle externo à rede, eliminando o ideal libertário que fez nascer o BTC.

Mas muito mais do que as diferenças e potenciais de cada um desses novos sistemas, com tantas moedas virtuais diferentes por aí, as perguntas que membros da comunidade de usuários e desenvolvedores das criptomoedas já fazem é: precisamos de mais uma moeda virtual para realizar esse sonho tecnolibertário de dinheiro livre da regulação dos governos e bancos centrais? Essa fragmentação vai desestabilizar todo o ecossistema de moedas digitais?

Essa preocupação tem fundamento. Afinal, uma moeda se torna viável basicamente por ser amplamente reconhecida e aceita por muitas pes-

Shutterstock

O uso comercial da blockchain

Entusiastas da tecnologia que permeia o sistema bitcoin acreditam que, além da moeda digital em si, a blockchain terá utilidade para uma infinidade de outras aplicações. E uma das mais interessantes seriam os registros públicos, que poderiam se tornar mais acessíveis a qualquer cidadão interessado.

Como são plataformas de código aberto, permitem que qualquer contrato seja criado, dependendo só da habilidade do programador. E mais: há a expectativa que muito em breve seja possível registrar no sistema a compra e a venda de casas, carros ou de quaisquer outros bens, além de informações como o nascimento ou falecimento de uma pessoa. Aliás, por mais estranho que pareça hoje, algumas pessoas já registraram o nascimento de seus filhos na blockchain. Isso é possível porque cada transação em BTC pode ter uma mensagem anexada, o que permite fazer registros de praticamente tudo na blockchain utilizando apenas uma transação de uma pequena fração de bitcoin ou de qualquer outra moeda que faça uso dessa tecnologia.

Apesar de despertar o interesse e a curiosidade de muita gente, ainda é impossível imaginar quais serão de fato as grandes revoluções provocadas tanto pelo bitcoin quanto por outras moedas que se utilizam do sistema da blockchain. E a grande verdade é que, por ser uma tecnologia nova, comparável à internet no início dos anos 1990, ainda temos um longo caminho de descobertas em relação às moedas digitais pela frente. Mas uma coisa é certa: a revolução do dinheiro 2.0 e seus primeiros resultados começaram a aparecer.

soas. Mas, o temor dos entusiastas do bitcoin é que a proliferação de diferentes criptomoedas possa ser justamente um impeditivo para que elas se consolidem como uma alternativa real ao dinheiro convencional.

Um exemplo bem ilustrativo do que pode acontecer é que em um universo onde há dezenas, ou talvez centenas de projetos diferentes, um empresário talvez não se disponibilize a aceitar 50 tipos diferentes de moeda virtual. E se elas não servem para comprar e vender coisas, quem aceitaria investir nelas?

Se, por um lado, há quem levante essas questões sobre o futuro do dinheiro 2.0, por outro, acredita-se que a solução para a enxurrada de diferentes tipos de moedas virtuais será solucionado pela mão invisível do mercado, capaz de fazer com que a maioria delas desapareça dentro de algum tempo.

bitcoin é moda ou veio para ficar?

Essa é uma pergunta ainda sem uma resposta definitiva, e apesar dos inúmeros palpites sobre o futuro do bitcoin (muitos deles conflitantes), é possível acreditar que a grande contribuição do BTC foi cultural. E mesmo que a moda e seu conceito libertário não se mantenham, ela terá deixado um legado importante para o futuro do dinheiro digital. O bitcoin conseguiu unir uma enorme rede de pessoas, envolvê-las em uma causa, interconectando-as em uma comunidade de usuários e desenvolvedores da nova economia digital.

Se o bitcoin vai se consolidar é difícil saber, mas uma coisa é certa: após ele, as transações pela internet jamais serão iguais

O temor das fraudes

Talvez o maior entrave para adoção em massa tanto do bitcoin, quanto de qualquer moeda que tenha surgido a partir de seu conceito: o temor com a segurança. Afinal, quando o assunto é dinheiro, ninguém gosta de arriscar. E, apesar de, até agora, nenhum incidente grave ter acontecido com usuários de BTC, nada impede que algum hacker encontre brechas na programação da moeda para surrupiar valores dos usuários da moeda, assim como acontece de vez em quando com grandes bancos convencionais.

Mas, se isso não aconteceu no bitcoin, o mesmo não pode ser dito de algumas de suas sucessoras. Há relatos de que uma pessoa conseguiu hackear o site Dogewallet e mudou o endereço de destino de todas as transferências feitas na moeda virtual para a carteira anônima dele. Apesar do barulho, o estrago causado foi consideravelmente pequeno: US$ 16 mil.

Outra carteira virtual também foi hackeada: o Instadoge.net. Mas, nesse caso, alguns usuários suspeitam de golpe interno. Devido a fatos como esses, muita gente já se preocupa em ter alguma regulação para as moedas digitais, o que facilitaria inclusive na hora de dar queixa à polícia em caso de ser vítima de uma fraude, assim como ocorre com o sistema financeiro convencional. O irônico é que em momentos de maior dificuldade, todo o discurso libertário anti-Estado cai por terra.

Shutterstock

Especulação e concentração da mineração em grandes servidores levantam dúvidas sobre o futuro da criptomoeda

A visão pessimista

Apesar de um grande número de entusiastas acreditar no bitcoin como a moeda do futuro, há uma quantidade considerável de pessoas, entre elas ex-desenvolvedores da criptomoeda, que pensam o contrário: o conceito por trás dela está fadado a acabar.

Um deles é Mike Hearn, conhecido no mundo das criptomoedas como um dos principais desenvolvedores e evangelizadores da comunidade bitcoin. Já há algum tempo ele faz severas críticas ao conceito bitcoin ou ao que ele se tornou. Hearn defende a ideia de que a comunidade fracassou ao deixar que a mineração acabasse concentrada na mão de poucos grupos com muito poder. Entre esses grupos encontram-se especuladores chineses. A conclusão de Hearn é que a ganância e a falta de visão de algumas pessoas condenaram todo o sistema, que nunca vai atingir os objetivos que foram atribuídos a ele em sua criação.

Outro problema destacado pelos críticos é a falta de informações confiáveis oferecidas aos usuários. Originalmente aberta, a comunidade de desenvolvedores está cercada de mistérios e decisões que dificilmente chegam ao público mais geral, fato que diminui a confiança de investidores e a viabilidade da adoção em larga escala da tecnologia.

Além dessas questões, estão presentes nos argumentos dos céticos em relação à moeda virtual a preocupação com a segurança e até mesmo a incerteza sobre a sustentabilidade do bitcoin como sistema financeiro independente e desregulado.

Mesmo assim, o bitcoin, assim como as suas derivadas, está restrito a um nicho bem pequeno de usuários, e, para se chegar ao patamar das principais moedas convencionais, como dólar e euro, terá que vencer obstáculos tanto no campo tecnológico, quanto regulatório. E, por fim, precisará conquistar a confiança de milhões de pessoas e empresas que transacionam todos os dias por meio do sistema financeiro convencional.

Um dos maiores desafios a serem vencidos nesse percurso é resolver o problema da alta volatilidade da moeda. Há uma grande suspeita de que milhares de chineses estejam especulando com o bitcoin. Outra questão importante para que a economia baseada na criptomoeda se consolide é resolver os problemas de uso do seu sistema por criminosos virtuais. O caso mais notório disso é provavelmente o Silk Road, um supermercado on-line de drogas e armas que usava a moeda para a venda de mercadorias, pois ela garante o anonimato das pessoas que transacionam com ela.

Por todos esses motivos, há quem defenda a tese de que o bitcoin seguirá o caminho trilhado por muitos outros produtos de sucesso: o pioneiro raramente se torna o líder do mercado, mas abre caminho para sucessores que ocupam essa posição. Assim como a Coca-Cola não inventou o refrigerante e o Google não foi o primeiro buscador da web, e nem é o único, essas e outras empresas de sucesso não inventaram seus produtos, mas tiveram sucesso em um mercado após alguém fomentar aquele nicho.

Assim, uma das apostas mais fortes entre especialistas na moeda digital é que ela seja ultrapassada por uma nova criptomoeda, e mesmo que sobreviva, é bem provável que passe por regulações em diversos países e mude tanto seu conceito original que se torne uma nova moeda. Mas uma coisa é fato: o bitcoin pavimentou uma estrada que parece sem volta para que seu dinheiro, em um futuro muito próximo, seja formado por uma combinação de 0 e 1.

On line EDITORA

PRESIDENTE: Paulo Roberto Houch • **EDITORA:** Nome (redacao@editoraonline.com.br) • **COORDENADOR DE ARTE:** Rubens Martim (diagramacao@editoraonline.com.br) • **GERENTE COMERCIAL:** Elaine Houch (elainehouch@editoraonline.com.br) • **SUPERVISOR DE MARKETING:** Vinicius Fernandes • **AUXILIAR DE MARKETING:** Danilo Rodrigues • **CANAIS ALTERNATIVOS:** Luiz Carlos Sarra • **DEP. VENDAS:** (11) 3687-0099 (vendaatacado@editoraonline.com.br) • **VENDAS A REVENDEDORES:** (11) 3687-0099/ 7727-8678 (luizcarlos@editoraonline.com.br) • **DIRETORA ADMINISTRATIVA:** Jacy Regina Dalle Lucca • Revista produzida por ECO EDITORIAL (www.ecoeditorial.com.br) • **EDIÇÃO:** Ana Vasconcelos • **REDAÇÃO:** Wilian Marques Miron da Silva Souza • **ASSISTENTE DE REDAÇÃO:** Giovana Meneguim • **DESIGN E DIAGRAMAÇÃO:** Patrícia Andrioli • **FOTO DE CAPA:** Shutterstock • Impresso por **LOG&PRINT** • Distribuição no Brasil por DINAP • **GUIA MUNDO EM FOCO ESPECIAL ATUALIDADES - BITCOIN** é uma publicação do IBC Instituto Brasileiro de Cultura Ltda. – Caixa Postal 61085 – CEP 05001-970 – São Paulo – SP – Tel.: (0**11) 3393-7777 • Números atrasados com o IBC ou por intermédio do seu jornaleiro ao preço da última edição acrescido das despesas de envio. Para adquirir com o IBC: www.revistaonline.com.br; Tel.: (0**11) 3512-9477; ou Caixa Postal 61085 – CEP 05001-970 – São Paulo – SP.